高段位

姜蒙——著

苏州新闻出版集团
古吴轩出版社

图书在版编目（CIP）数据

高段位 / 姜蒙著. -- 苏州 ： 古吴轩出版社， 2024.
12. -- ISBN 978-7-5546-2499-9

Ⅰ．C934-49

中国国家版本馆CIP数据核字第2024L86R56号

责任编辑：蒋丽华
见习编辑：赵 卓
装帧设计：刘孟云

书　　名：**高段位**
著　　者：姜 蒙
出版发行：苏州新闻出版集团

　　　　　古吴轩出版社

　　　　　地址：苏州市八达街118号苏州新闻大厦30F
　　　　　电话：0512-65233679　　　邮编：215123
出 版 人：王乐飞
印　　刷：水印书香（唐山）印刷有限公司
开　　本：670mm×950mm　　　1/16
印　　张：14
字　　数：131千字
版　　次：2024年12月第1版
印　　次：2024年12月第1次印刷
书　　号：ISBN 978-7-5546-2499-9
定　　价：56.00元

如有印装质量问题，请与印刷厂联系。022-69396051

前言
PREFACE

在浩瀚的历史长河中，无数智者与勇者以其灵活的头脑和非凡的策略，绘就了一幅幅传奇的画卷。他们或在朝堂之上运筹帷幄，或在江湖之中游刃有余，成就了自己的辉煌人生，更为后人留下了宝贵的精神财富。

在当今这个充满挑战与机遇的时代，我们每个人都在寻求一种能够让我们迈向成功的力量。这种力量是策略与智慧的结合体，是让我们成为人生赢家的关键。

本书正是基于这样的思考而诞生的。书中通过对历史人物的深入剖析，提炼出他们的生活智慧和处世策略，展现他们的高段位人生，旨在为现代人提供一种全新的思考模式与行动框架。

那么，何谓高段位？在棋局中，高段位的棋手总能预见对手的落子，提前布局，掌控全局。在现实生活中，高段位者也具备这样的能力：他们能在纷繁复杂的社会关系网中洞察先机，以策略和智慧应对各种挑战。

本书将通过六个章节，揭秘那些历史名人是如何一步步提升段位，走上人生巅峰的。

第一章聚焦于古代君王的驭人之术。君王作为国家的最高统治者，他们需要的不仅是权力，还有智慧。刘秀忍辱负重，赵匡胤杯酒释兵权，等等，他们通过巧妙的制衡与管理，稳固了自己的统治，赢得了人心。

在第二章我们将看到历史上的忠贤之臣，在动荡的时代中坚守正道，用奇谋为国家谋取福祉。无论是周公创立礼乐制度，还是商鞅变法图强，抑或是魏徵直言进谏，都体现出了高段位者的智谋。

第三章探索以智谋著称的谋士如何运用策略在复杂的局势中游刃有余。从李斯的权谋斗争到司马懿看破空城计，从刘伯温的顺势而为到张良的威逼利诱……这些故事告诉我们，真正的强者往往能以精准的判断和高超的策略达成自己的目标。谋士以身入局，举棋胜天半子。

第四章讲述历史上的奇人在面对困境时，如何以独特的视角和策略实现人生逆袭。从王允的美人计到曹孟德的官渡之战，无一不在告诉我们，逆境并不是绝境，只要我们能透过表象看本质，积极利用手中资源，就有可能逆风翻盘。

第五章深挖民间故事中隐藏的智慧。阿凡提巧治吝啬的巴依老爷，满族小花一瓢粪水戏弄恶霸，等等，这些故事展现了普通人在面对生活挑战时的应变能力和生存智慧。只要我们用心体会，就能从中汲取营养，为自己的生活增添色彩。

第六章则通过一些反面案例促使人们反思和自省。夏桀和商纣的暴政，刘彻的迷信，朱元璋的冷酷，等等，都对当时的社会产生了巨大的影响。这些故事提醒我们，在追求成功的道路上，需要时刻保持清醒的头脑，不断自我完善。

本书在编排上力求从多个维度展现历史名人的智慧，注重挖掘他们背后的心理机制，揭示他们在面对困境时是如何运用心理战术来化解危机的。

心理学作为研究人类行为和心理过程的科学，为我们理解历史人物的行为提供了独特的视角。高段位者能够从宏观的角度审视问题，预见未来的变化，并制订长远的计划。这种能力的背后，是他们对自我认知的深刻洞察，以及对他人心理的精准把握。在复杂的人际关系中找到立足点，在竞争中保持优势，这些都需要心理学的知识作为支撑。

书中的每一个故事都是一面镜子，映照出我们自身的不足，认识这些不足，从而不断学习，不断提升，当达到一定的高度后，曾经困扰我们的问题将会自动消失。

历史故事中的策略和智慧可以应用到各个方面。无论是在职场竞争、商业谈判还是个人生活中，我们都可以借鉴这些策略和智慧，提升自己的认知，进而解决问题。

在职场中，高段位者能够洞察行业动态，把握晋升机会，通过建立良好的同事关系和上下级关系，稳固自己的地位；在商业谈判中，高段位者能够准确判断对方的需求和底线，通过灵活的谈判策略和技巧，达成最有利的协议；在个人生活中，高段位者能够处理好家庭关系，维护好社交网络，通过自我管理和自我提升，实现个人价值的最大化。

走进高段位者内心的城府之中，我们便能更好地理解人性，把握社会规律，从而在人生的道路上更加从容不迫。历史告诉我们，在追求成功的道路上，需要不断提升自己的策略思维和认知水平，如此才能在激烈的竞争中立于不败之地，活出一个高段位人生。

愿本书能够成为你在人生旅途中的一盏明灯，照亮前行的道路，助你超越自我，成就非凡。

目录
CONTENTS

第六章　引以为戒，见不贤则内自省

第一章

制衡管理，看君王驭人攻心

1 心存仁德，善行可结善果

——秦穆公：免罪责，赐良酒

《孟子》中说："得道者多助，失道者寡助。"意思是，能行"仁政"的君王，支持他的人就多，不施行"仁政"的君王，支持他的人就少。其实这句话对于管理团队也同样适用。作为管理者，想要带好团队，与其不分青红皂白地压制他们，不如施加恩惠让他们发自内心地效忠。

食马之德

《史记·秦本纪》中记载，秦穆公即位的第十四年（前646年），秦国发生饥荒，于是向晋国请求粮食援助。

晋惠公就跟他的大臣们商议给不给援助。晋惠公的舅舅虢射当时任晋国的卿大夫，此人毫无人性，听闻秦国遭灾，立刻进谗言说："应该趁他们饥荒的时候攻打他们，这可是巨大的功劳啊！"

晋惠公当然也不是什么好人，一听之下大喜：好，就这么办！甥舅俩一拍即合，于是拒绝了秦国的求助，并集结兵马攻打秦国。

秦穆公听到这个消息后大怒，即刻派兵反击。要知道两年前晋国发生旱灾，秦国还送粮食救济过晋国，结果晋国却忘恩负义。

第二年，秦国度过灾荒后，秦穆公亲自率领军队，任命丕豹为将，攻打晋国。九月，秦国军队与晋国军队在韩原进行了激战。

秦穆公带着手下的骑兵追击晋惠公，结果没能捉到，反而被晋军包围。在晋军的攻击下，秦穆公受伤了。

正在危机时，曾经在岐山脚下偷吃过秦穆公良马的三百多个农夫，他们骑着战马奔袭而来，冒着生命危险，冲破晋军的包围圈，救出秦穆公，并活捉了晋惠公。

这三百多个农夫是怎么回事呢？他们为什么要拼死救秦穆公？

之前，秦穆公的马走失，被岐山下的三百多个农夫捉到并吃掉了。当地的官员听到这事后大吃一惊，立马派人捉拿这三百多个农夫，准备杀了他们。

秦穆公得知后，阻止了官员，说："君子不以畜产害人。吾闻食善马肉不饮酒，伤人。"意思是：君子不能因为一头牲畜而害人。我听说吃了马肉如果不饮酒，对身体不好。

然后，秦穆公赐酒给农夫们喝，并免了他们的罪责。

这三百多个农夫被赦免后，对秦穆公感激涕零，一心想着报恩。听说秦穆公要带领部队攻打晋国，全都请求参军入伍，跟随作战。在战场上，他们发现秦穆公有危险，立刻争先恐后地冲上前去，与晋军展开了殊死搏斗，最终救出了秦穆公。他们个个都奋不顾身，不怕牺牲，就是为了报答秦穆公的恩德。

这一战史称韩原之战，秦军大胜，带着俘虏晋惠公班师回朝。最终，经过谈判，晋国把河西的土地割给秦国，并派太子圉到秦国做人质，晋惠公被放回晋国。这时候，秦国的疆土向东扩展到了黄河。

以宽容赢得人心

心爱之马被农夫烹食，秦穆公没有选择报复，而是以一颗宽容和仁德的心去面对。他深知，作为一国之君，自己的每一个决策都会影响到国家的命运和百姓的生活。因此，他选择了宽恕，不仅免除了农夫们的罪责，还赐给他们酒喝。

所谓"士为知己者死，女为悦己者容"，秦穆公的这种做法满足了下属被尊重和被理解的需求。当他们感受到自己的价值时，会对秦穆公产生强烈的忠诚感和归属感，愿意为他效劳，甚至不惜生命。这种情感上的联结，为秦穆公日后的治国安邦奠定了坚实的基础。

塑造领导者的正面形象

秦穆公的行为改变了农夫们对他的认知评价，从而影响了农夫们的心理预期。秦穆公向农夫们传递了一个明确的信息：我是一个值得信赖和依靠的君主，我重视生命，尊重每一个个体。这种信任体系的建立，使得农夫们在后续的战斗中，愿意为秦穆公赴汤蹈火。在团队管理中，管理者的行为和决策会直接影响团队成员的心理状态和行为表现。秦穆公通过自己的行为塑造了一个宽容、仁慈的领导者形象，这种形象在农夫们心中留下了深刻印象，并在关键时刻转化为实际行动。这种心理预期的管理，使得秦穆公在团队中建立了权威，同时也激发了团队成员的潜能和忠诚度。

以情动人，凝聚团队

一个团队要想有战斗力，就必须有凝聚力。而凝聚力的来源，除了制度和利益之外，更重要的是情感。秦穆公通过宽恕农夫、赐酒免罪等善行，与农夫们建立了深厚的情感纽带。这种情感纽带使得农夫们在战场上能够相互扶持、共同进退，并对秦穆公誓死效忠，形成了一支团结一致、战斗力强大的队伍。

秦穆公"得道多助"，因马肉之恩而得三百多个农夫舍命相救，从而大胜晋国。他在位三十九年，颇有贤名，使周边十二戎国臣服，秦国疆域扩展了千里有余。后世还给秦穆公立了很多雕像来纪念他。可见，只要心怀善念、持身以正，自然能够借势成事、万事顺意。

2 洞悉人性，非暴力解决冲突

——齐景公：二桃杀三士

《孟子》里说："羞恶之心，义之端也；辞让之心，礼之端也。"意思是，羞耻心就是施行义的开始，辞让心就是施行礼节的开始。

在处理冲突时，孟子的理念提醒我们，羞耻心促使个体认识到行为的失当，辞让心则有助于展现对他人的尊重和理解。这两者结合，能有效促进冲突双方进行自我反省，为和平解决冲突奠定基础。

齐景公用计除三害

春秋时期，齐景公在位期间，有三个非常傲慢的人，分别是公孙接、田开疆、古冶子。三人在齐国军队中享有崇高的声望，是齐国军事力量的支柱，号称"齐国三大勇士"。

三人在战场上积累了赫赫战功，也在国内赢得了很高的荣誉和地位。不过随着功绩越来越多，三个人逐渐变得傲慢起来。他们自认为功劳很大，因此在齐景公面前也不讲礼仪，常常表现出一种自大的态度。在其他的大臣面前，他们更是嚣张跋扈，不可一世。比如说，公孙接常常在宫廷中大声喧哗，就好像在自己家里一样，不顾及他人的感受，完全没有上下尊卑等级的观念。而田开疆则常常在宴会上喝得酩酊大醉，完全不顾及大将军的形象，甚至有些大臣得罪了他，他张口就是一顿大骂，吆五喝六是家常便饭，就好像大臣们是他家的仆人似的。而古冶子则因为曾救过齐景公的性命，更是自视甚高，对他人不屑一顾。

三人的这些傲慢行为，渐渐引起了齐景公的不满和担忧。

有一天，丞相晏婴来到王宫觐见齐景公，经过公孙接、田开疆、古冶子三人身边时，按照礼节，三人应该起身行礼。可出乎意料的是，三人不仅没有行礼，连看都没看晏婴一眼。

之后齐景公对晏婴说："我想要除掉他们，可是他们掌控着国家兵权，实力非常强大，来硬的恐怕不行。"晏婴笑着说："我有一计，请大王赐给他们三个人两个桃子。"齐景公心领神会，按照晏婴的计策，命人挑选了两个大桃子，送到了公孙接、田开疆、古冶子三人身边。

公孙接、田开疆、古冶子看到下人送来的两个桃子，面面相觑，不知道怎么回事。

齐景公说："我想要考验三个人的功劳，所以把两个桃子赏赐给功劳最高的两个人。你们三个按照功劳大小分这两个桃子吧。"

公孙接仰天长叹，说道："我们共有三个人，却只有两个桃子，人多桃少，这样一来，就只有按照功劳大小来分桃子了。我公孙接曾经打败了野猪，还打死过正在哺乳的母虎。我的功劳这么大，可以单独吃上一个桃子，而不用和别人分享。"公孙接说完，就拿走了一个桃子。

田开疆赶紧接话说："我带领军队，接连两次击退敌人，在战场上，我无人能敌。像我田开疆这样的功劳，也可以单独吃一个桃子。"田开疆说完，也拿走一个桃子。

最后就只剩下古冶子一个人了，他不紧不慢地说："当年，我跟随国君横渡黄河，国君车驾左边的马被河中的大鳖咬住了腿。大鳖力大无穷，把马和车拖到河流中间。于是我潜到了水下，顶住逆流，潜行百步，又顺着水流，潜行了九里，最后抓住那只大鳖，把它杀死了。等我提着大鳖从水里出来的时候，大家都以为是河神出来了。像我这样危急关头救了国君一命的人，也应该单独吃一个桃子。你们两个，把桃子给我！"古冶子说完，抽出宝剑，站起身来。

公孙接和田开疆听到古冶子原来救过国君，一时间羞愧难当："我们两个的功劳都比不上您，却在您之前拿走了桃子，我们简直太贪婪了。如此贪婪，怎能恬不知耻地活着？"

说完，两个人竟然把桃子交给古冶子，拔出宝剑，自刎而死。古冶子看到他们如此，说："两位勇士都死了，我古冶子却独自活着，享用两个桃子，简直就是不仁；用话语去羞辱别人，吹捧自己，这就是不义；悔恨自己的言行，却又不敢去死，这就是无勇。"

古冶子越说越羞愧，也拔出宝剑，自刎而死了。

之后，齐景公按照齐国勇士的礼节埋葬了他们。

利用心理机制激发内在冲突

齐景公与晏婴巧妙地利用了三位勇士的自尊心和竞争心理，通过"二桃杀三士"的计谋，构建了一个看似公平实则暗含陷阱的情境。这一策略深刻揭示了人类心理中的"比较心理"和"自我认同"机制。

当这三个人被置于一个必须通过比较功劳大小来分配有限资源（桃子）的情境中时，他们内心的自我认知与外在的荣誉追求产生了激烈冲突。这种内在冲突最终导致了他们自我毁灭的决定，而这一切都是在没有直接暴力冲突的情况下发生的。

这启示我们，在解决复杂问题时，可以通过巧妙地设计情境，激发个体的内在冲突，从而引导他们自我反思和改变。

用社会规范促进自我反省

故事中，公孙接、田开疆、古冶子三人的傲慢行为严重违背了社会规范和道德标准。齐景公与晏婴的计策，实际上是在强化这些社会规范的重要性，通过让勇士们自己面对并承认自己的贪婪与自私，达到让他们自我反省的效果。

当古冶子揭露自己的救驾之功后，公孙接和田开疆的羞愧与自责，正是他们内心道德感与社会规范冲突的结果。这种自我反省的过程，虽然痛苦，却是推动个体成长和改变的关键。它告诉我们，在解决冲突时，强化社会规范和道德标准的力量，可以促使个体自我审视，从而主动寻求解决之道。

3 开放豁达之人，更能大度容人

——刘邦：仁厚宽大，战胜人性

明朝学者薛瑄在《读书录》里说："惟宽可以容人，惟厚可以载物。"意思是说，只有拥有宽容的心态才可以包容别人，只有拥有厚重的品德才可以担当大任。

由此可见，无论做人还是做事，抱着豁达的心态，用宽容的理念去对待别人，才能成就伟业。

汉高祖刘邦宽厚待雍齿

雍齿和刘邦都是秦朝时的沛县人，不同的是，刘邦当时是一个无名小卒，而雍齿是当地的贵族地主。

有一次，刘邦在大街上闲逛，一个人骑马从他身边奔驰而过，溅起的泥水把刘邦的衣服弄脏了，那人非但不道歉，还傲慢地指责刘邦是个臭要饭的。刘邦非常生气，想要上前理论，旁边有人拦住他说，那人是雍齿，权贵子弟，千万不能招惹他。

刘邦虽然愤恨，却无可奈何。后来刘邦因为放走押送的犯人，无奈之下起兵占领了沛县，加入了反抗秦朝残暴统治的义军。经过多年征战，刘邦积累了丰厚的军事力量，即将建立汉朝之际，雍齿也加入了刘邦的阵营。刘邦回忆过去被雍齿羞辱的日子，不仅没有记恨，还把他任命为丰城太守。

　　然而雍齿虽然表面上对刘邦和善，内心深处依然看不起他。在丰城任职期间，雍齿从没有用心管理，只不过以此为获取温饱的工具而已。一次刘邦外出打仗的时候，雍齿竟然将丰城献给了魏国。刘邦得知之后，十分愤怒，立即带兵攻打丰城，可是打了好几天都没打下来。刘邦气不过，于是向项羽借兵，继续攻打，最终雍齿挡不住刘邦的军队，弃城逃跑，投降了赵国。

　　后来，随着楚汉之争的加剧，刘邦的优势逐渐显露出来，雍齿再次恬不知耻地投靠了刘邦。虽然刘邦对雍齿反复无常的行为深恶痛绝，但考虑到现在正是需要用人的时候，于是原谅了雍齿。

　　刘邦取得了楚汉之争的胜利，终于建立了大汉王朝。刘邦登上帝位的时候，开始对有功之臣大加封赏，可是到了雍齿这里时，刘邦回想雍齿做过的可耻的事儿，决定处罚他。与此同时，其他有功之臣仰仗着赫赫战功，都觊觎更高的权力和地位，这对于刘邦的统治很不利。于是刘邦找到了张良商量对策。

　　张良深知人性的可怕，也了解如果利用好了人性，同样能做很多大事儿。于是建议刘邦抛开个人恩怨，用豁达的心态宽人容人，这样才能收买人心。刘邦听了觉得有道理，于是决定从雍齿下手。

刘邦阵营里的人都知道雍齿这家伙好几次背叛刘邦，都觉得刘邦会秋后算账，让人大跌眼镜的是，刘邦听从了张良的建议，第一个把雍齿封为列侯，赠送了丰厚的金帛。

这让雍齿大吃一惊，从此死心塌地地追随刘邦，其他有功之臣看到刘邦如此宽容仁慈，也纷纷放下了内心的担忧，这才让刘邦新建立的汉朝得以稳固。

刘邦作为开国之君，站在大局的角度，用宽容仁慈的品质和豁达的胸怀稳定了人心，为汉朝的长治久安打下了基础。

豁达能战胜人性

纵观历史，但凡能成就一番伟业的人，内心无不是豁达和宽容的。内心豁达的人都拥有很多共同的品质。

他们不会对小事过于计较，更能容忍和接受不同的意见、观点和行为。面对困难和挫折，他们不会轻易放弃，而是坚持下去，积极寻找解决问题的方法，避免陷入消极情绪。他们了解和接受自己的优点和缺点，对自己有信心，不会因为他人的评价而动摇。他们心思缜密，理智冷静，不被情绪左右，而是用理智来做出决策。

因为内心豁达的人，往往拥有更强的心理韧性和清晰的自我认知。这样能让他们更好地面对外部压力，抵御消极情绪和不利于自我发展的诱惑，进而选择灵活的应对策略，去接受人性的挑战。

他们善于倾听和表达，知道自己想要什么，有明确的目标，并为之奋斗。愿意帮助他人，不计较个人得失，显示出良好的同理心。这种同理心使他们更能够理解人性的弱点，从而更容易战胜贪婪、自私。他们对生活充满热情，善于与他人建立良好的人际关系，并借助多方面的支持，为自己赋能。

这种积极向上，对世界充满希望，不断为自己设立挑战的胸怀，能让他们克服任何困难，成就非凡人生。

自我接纳和认知重构

论带兵打仗，刘邦比不上韩信；论运筹帷幄，刘邦比不上张良；论后方管理，刘邦比不上萧何。但他却能成就帝业，这和他本身的豁达和宽容的心态不无关系。

实际上，从心理学的角度分析，拥有宽容和豁达心态的人，往往有更高的自我接纳的能力和认知重构的能力。

自我接纳指的是一个人能够接受和容忍自己的缺点和不足，而不是拒绝或否认它们。能够自我接纳的人，面对生活挑战和困难的能力很强，因为它允许人们更加客观地看待自己和周围的世界，减少自我挫败感和焦虑。

认知重构则是一种改变思维方式的方法，可以帮助人们重新评估自己的想法和情感，从而更加理性地应对生活中的挑战。通过认知重构发现自己的思维模式中的不合理之处，并逐渐改变它们，从而提高心理韧性。

自我接纳是实现豁达的前提。当无法接受自己的缺点和不足时，就容易陷入沮丧、无助的情绪中，进而可能引发焦虑和压力。理解和认识自我接纳的重要性，以更开放和宽容的心态来认识自己，可以使内心的冲突和痛苦显著减轻，化解内心的矛盾，不被自己的短处所束缚，与自我和解。

认知重构是通往豁达的重要途径。思维方式直接决定了情绪和行为。很多时候，我们对事物的认知可能存在偏见或不理性之处，进一步导致负面情绪和不理性行为的出现。通过认知重构，可以挑战和改变不合理的思维模式，改变情绪状态。

在面对生活的挑战时，我们应力求保持客观理性的态度。这意味着要减少主观情绪的干扰，以更为冷静、理智的方式去分析和解决问题。这样的态度有助于我们稳定情绪，避免过度的波动，从而更有可能达到豁达的心境。当我们能够以更加客观的眼光看待周围的人和事时，就能更准确地判断形势，做出更为明智的选择，进而更好地应对生活中的各种挑战。

4

忍让不是懦弱，而是蓄势而发

——刘秀：学会低头，厚积薄发

《论语·卫灵公》里面说："小不忍则乱大谋。"这句话的意思是，在处理事务和人际关系时，如果遇到小事不能忍耐，就会破坏事情整体的规划。这展现了面对挑战时，不能因小失大的思维方式。

隐忍退让，光复汉室

汉光武帝刘秀是汉高祖刘邦的九世孙，到了他父亲这一代时，皇家的恩宠已经所剩无几，世袭传承也一代一代降级，所以他父亲只是一个小县官。这么看来，刘秀的家庭条件并不是很好。

西汉元始三年（3年），刘秀的父亲去世，刘秀成了孤儿，被叔父收养，从皇亲国戚变成了平民百姓。虽然生活给了刘秀很多磨难，但他并没有因此自暴自弃。在叔父家里寄居期间，他精于农事，把家里的田地打理得井井有条。新朝天凤年间（14—19年），正值王莽篡汉建立新朝，刘秀来到了长安入读太学，在这里他结交好友，认识了邓禹、朱佑等人。这两个人可了不得，是日后刘秀起家的左膀右臂。新朝末年，王莽推行的一系列政策引得怨声载道，再加上天灾不断，一时间中国大地掀起了一波又一波农民起义，其中以绿林军和赤眉军最为强大。

刘秀的大哥刘縯喜欢广交天下英豪，一直跃跃欲试想要起义。新朝地皇三年（22年），刘秀在宛城联合当地人李通和李轶，密谋起兵造反。同年十月，刘縯也打出了"复高祖之业，定万世之秋"的口号，正式起义。十一月，刘秀带着起义军来到刘縯所在的舂陵，当地的义军和宗族都不愿跟着刘縯造反，直到看见刘秀穿着将军服，被他的威严震慑，决定跟随他，因此刘秀这支义军叫作"舂陵军"。

刘秀领导着舂陵军到处征战，不过由于武器很差，人数不够，经常被王莽的新军追着打。刘秀为了保存实力，和新市、平林以及绿林军组成了联军。绿林军为了壮大声势，稳固地位，推举西汉宗室刘玄为帝，他就是更始帝。刘秀、刘縯等汉家子弟对此非常不满，但迫于此时绿林军的力量，只能忍气吞声。

历经无数大小战役，刘秀终于领导着舂陵军攻入长安，推翻了王莽政权。厥功至伟的刘秀让刘玄非常忌惮。于是刘玄手下人给他出主意，让他惩治一下刘秀，防止他起反叛之心。在刘秀出兵期间，刘玄命人将刘縯抓起来并杀掉。

刘秀回来后，听说了这个消息，感到震惊和悲伤。但是为了不引起刘玄的猜忌，他赶回宛城，假装惶恐的样子下跪道歉，与此同时，他不敢提昆阳之战的功劳。即使刘縯丧事期间，刘秀也表现得和平常没什么两样。慢慢地，刘玄对他降低了戒心。

当时王莽的新朝刚刚被推翻，但各地的起义军都各自为战，尤其是黄河以北的州郡都在犹豫要不要归附刘玄的更始政权。与此同时，山东的赤眉军不断壮大，还有河北"三王"、公孙述等割据势力在虎视眈眈。

河北地区环境复杂，刘玄身边的将军都没有能力，于是有人推荐刘秀去。刘玄正好因为刘縯的事对刘秀不放心，打算把他打发到贫苦之地，削弱他的势力。然而刘秀却内心欢喜，他终于等到了大展拳脚的机会。

刘秀到了河北不久，前西汉赵缪王之子刘林就拥戴王郎称帝起义，另一边，前西汉广阳王之子刘接也起兵相应刘林。一时间，刘秀面临的境况十分复杂。不过刘秀并不担心，他广交豪杰，收服人心，得到了上谷、渔阳两郡的支持，实力大增；又和真定王刘杨结盟，并定下姻亲，势力不断壮大，很快就平定了河北各个起义军，将河北凝成了一股力量。

东汉建武元年（25年），刘秀在鄗城即皇帝位，国号大汉。随后，赤眉军攻入长安，击败了绿林军。而刘秀击败了赤眉军，平定了关中，统一了北方。紧接着他攻城略地、平定关东、安定陇西、收复巴蜀，很快统一了中国。

策略性隐忍展现智慧

在刘秀的人生轨迹中，面对兄长刘縯被杀的巨大打击，他展现出了非凡的情绪管理能力和策略性隐忍。

心理学中的"情绪智力"强调了个体识别、理解、表达、调控自己及他人情绪的能力。刘秀在得知噩耗后，没有立即冲动复仇，而是选择了隐忍与示弱，这不仅是生存的智慧，更是对长远目标的深刻洞察。他通过假装惶恐、不提战功、保持常态，有效降低了刘玄的戒心，为自己赢得了宝贵的喘息时间。

刘秀的隐忍并非简单的退缩或放弃，而是一种策略性的蛰伏。他利用这段时间，观察时局，分析敌我，为日后的反击做足了准备。这种长远的眼光和坚定的信念，使得他在逆境中不仅没有被打败，反而逐渐积累了力量，最终实现了对王莽政权的颠覆和汉室的复兴。

在逆境中整合资源

在河北的艰难岁月中，刘秀不仅面临着外部的军事威胁，还经历了内心的挣扎与自我怀疑。然而，正是这些逆境，激发了他前所未有的斗志和创造力。他深刻理解到，要想在乱世中立足，就必须不断超越自我，重构资源网络。

刘秀通过广交豪杰、收服人心，成功地将上谷、渔阳等地的力量纳入麾下，实现了军事力量的迅速扩张。同时，他还与真定王刘杨结盟，通过政治联姻进一步巩固了自己的地位。这些行动不仅展现了刘秀出色的外交手腕和人际关系处理能力，更体现了他对资源重构的深刻理解。

这告诉我们，在逆境中，只有不断挖掘和整合内外部资源，才能为自己赢得更多的生存空间和发展机遇。

刘秀用自己的行动证明了，即使在最黑暗的时刻，只要保持坚定的信念和不懈的努力，就一定能够找到突破困境的钥匙，实现人生的华丽转身。这一过程，是对人性潜能和生命韧性的高度赞扬。

5

真正厉害的人，做事不会急躁

——刘备：签"衣带诏"，缓施行

俗话说："心急吃不了热豆腐。"

纵观古今历史，但凡成就大事的人，都有一颗"致虚极，守静笃"的心。他们深刻地知道，欲成大事，不能急躁，徐徐图之才是正途。

"衣带诏"事件

东汉建安元年（196年），曹操在驱逐韩暹，杀掉侍中台崇、尚书冯硕、议郎侯祈等人之后，带着汉献帝回到了许都，开启了"挟天子以令诸侯"的生涯。迎驾还许之后，曹操对于汉室皇权的掌控越来越严重，以至于汉献帝本人成了名副其实的傀儡皇帝，除了吃喝拉撒之外，凡是军国大事，都不让他参与。但汉献帝似乎也不是一个甘于被操控的人，于是他想到了舅舅董承。

董承此时已经是车骑将军了，于是汉献帝悄悄召见他，并把一封诏书交给了他，让他藏在袖子里带出皇宫，这样就可以躲过曹操的耳目。这就是所谓的"衣带诏"。

董承带着诏书离开皇宫，打开诏书一看，原来汉献帝想要让他帮自己除掉曹操。接下来，一个惊天密谋逐步展开了。董承靠自己的力量肯定不能和曹操抗衡，他必须寻找盟友。刘备作为皇叔，被董承拉入这个密谋中。

随后，刘备内心异常忐忑。毕竟在曹操眼前搞小动作，一旦露馅，事情就不好收场了。况且，曹操本来就对刘备心怀顾虑，不太相信他。为了让曹操打消对自己的怀疑，刘备不问世事，甚至整天在家里种菜。

这段时间里，刘备对于董承他们的密谋始终没有给出回应。突然有一天，曹操派人来邀请刘备。刘备心下一慌，怀疑是"衣带诏"事件暴露。他极力稳定自己的心神，跟着来人到了曹操的府上。二人在廊亭上煮酒，谈论天下大事，这就是著名的"煮酒论英雄"。

其间，曹操似有所指地问刘备，如何看待天下英雄。刘备列举了当时著名的几个割据集团，比如袁绍、袁术、刘表等，全都被曹操否定。随后曹操说出了那句著名的话："天下英雄，唯使君与操耳。"

这句话在刘备听来，针对性太强了。联想起前段时间董承找他商议诛杀曹操的事儿，刘备怀疑曹操已经知道了这件事情，这是在暗示自己什么。他越想越后怕，竟然把吃饭的筷子弄掉了。好巧不巧，这时天上轰隆隆一声雷鸣，替刘备掩饰了内心的恐惧。

东汉建安五年（200年）正月，董承的"衣带诏"事发，曹操大怒，立即把董承等人全部杀掉。曹操还亲自整饬军队，想要东征刘备。随后刘备在战斗中战败，关羽也被曹操抓走了。而刘备自己则逃往青州，暂时躲过曹操的追杀。之后，刘备投奔袁绍，然后慢慢把失散的兵马集结起来，再次准备对抗曹操。

那么为什么"衣带诏"事发的时候，刘备不在曹操身边呢？

也许这就是命中注定的。此前袁术就打算从下邳北上投靠袁绍，曹操怎么可能允许袁氏兄弟联合起来呢。为了阻止他们联军，曹操立即命令刘备、朱灵、路招出兵前往下邳截击袁术。

刘备巴不得借助这个机会离开曹操，于是立即带兵东进。曹操身边的谋士程昱、郭嘉劝说曹操杀掉刘备，不然后患无穷。可是为时已晚，曹操派人去追击刘备的时候，刘备已经跑远了。

刘备等人的军队阻击袁术，袁术没办法越过下邳，很快就病死了。之后朱灵等人完成任务回到许都，而刘备不打算回到虎穴中去，于是除掉徐州刺史车胄，很快徐州各个州县都打出了反抗曹操的口号。而刘备由于"衣带诏"事件，积累了不少的名望和较高的政治地位，再加上他声称自己是中山靖王之后，汉室正统，所谓民心所向，义军都归顺了刘备，受他的统帅，很快就集结了数万人。

至此，刘备走上了一条属于自己的非凡之路。

把握机会，徐徐图之

从"衣带诏"事件，到刘备彻底反抗曹操，可以看出整个过程中刘备都表现出了很强的政治才能。

身背复兴汉室的沉重责任，刘备和曹操的博弈势必会趋于白热化，只不过是一个时间问题。毕竟曹操是汉室窃贼，而刘备想要复兴汉室，双方的斗争是天然存在的。

刘备本来可以在"衣带诏"事件中大展拳脚，但他却选择了暂缓施行，这体现了他卓越的政治智慧。当时曹操势力如日中天，汉献帝被严密控制，就算他们几个人实施行动，上得不到汉献帝的支持，下也没有能和曹操抗衡的军事力量，可以说假如刘备加入董承等人的行列，就逼着自己进入了孤立无援的境地，最终结果就是身首异处。

所以刘备选择了保持高度的政治警觉和缓缓施行策略，一边稳住曹操，一边暗中积累力量。等到机会来临时，刘备立即抓住机会，离开曹操，吸引了一大批志同道合的人，走上复兴汉室之路。

积累实力，等待时机

成大事者不能急躁。刘备在"衣带诏"事件中积累了名望和政治地位，但他并未急于与曹操决战。而是选择投奔袁绍，慢慢集结失散的兵马，为日后对抗曹操做准备。这种稳扎稳打的做法，让刘备后来成了一代雄主。

在复杂的斗争中，急躁只会导致失败。只有保持冷静，耐心等待时机，才能在关键时刻抓住机遇，成就一番事业。在这个过程中，心理素质至关重要，它决定了一个人在面对困境时能否保持冷静，进而实现人生目标。

6

要完成目标，方法和时机都不能少

——赵匡胤：杯酒释兵权

宋朝理学家朱熹曾说："事必有法，然后可成。"意思是，无论做什么事情，都需要用正确的方法，这样才能成功。《易经》里说："君子藏器于身，待时而动。"意思是，有卓越的才能却不到处炫耀，而是等待必要的时刻把才能施展出来。

适时而动，稳固江山

中国历史上有一个割据混乱的时期，发生在唐朝灭亡到宋朝建立之间的几十年里。当时中原大地政权林立，国家一个接着一个成立，又一个接着一个灭亡。这就是五代十国时期。

五代指的是后梁、后唐、后晋、后汉、后周五个朝代，十国主要有前蜀、后蜀、南吴、南唐、吴越、闽国、南楚、南汉、南平、北汉十个国家。

五代有一个很有意思的地方：除了后梁之外，其他四个朝代都是被自家的武将谋权篡位后成立的。后唐是被节度使李从珂与石敬瑭谋反，夺取了皇位。不过李从珂没有改国号，依然称唐。后来，石敬瑭联合契丹，打败了李从珂，灭掉后唐，建立了后晋。后晋被契丹灭国，节度使刘知远趁机起兵，建立了后汉。后汉隐帝刘承祐想要除掉手下权柄太重的大臣，节度使郭威起兵谋反，推翻后汉，建立了后周。

后周皇帝柴荣病逝后，赵匡胤趁机发动了陈桥兵变，夺去了后周政权，建立了宋朝，结束了五代十国的混乱局面。然而，赵匡胤也遇到了自己的难题。

宋朝刚刚建立一百天，原后周的将领昭义军节度使李筠和淮南道节度使李重进因为拒绝接受宋朝的统治，相继叛乱。虽然这两次叛乱的规模不算大，但险些让宋朝这个还没走出襁褓的新型王朝，重蹈五代的覆辙。

作为宋朝的第一任统治者，也是从五代十国中走出来的武将，赵匡胤无时无刻不担心自己手下的人叛变。在初步稳定了宋朝的时局之后，赵匡胤不得不开始考虑如何让自己的王朝走得更加长远。他思考的问题归根结底就是，加强中央集权，把权力掌握在皇帝手中，而不是节度使藩镇的手中。

李筠和李重进叛乱后，赵匡胤立即召见宰相赵普，商量如何才能让国家长治久安，避免五代十国的悲惨结局。赵普非常善于治理国家，他指出问题的症结就在于藩镇的权力太大，导致臣强君弱。最好的办法就是削夺他们的兵权，收回铸造钱币的权力，把军队的控制权掌握在皇帝手中，天底下自然就安定了。

当时，宋朝的战斗力还是非常强悍的，其中最强的要数禁军，这是直属于皇帝的军队。宋朝的禁军承自后周皇帝柴荣留下来的家底，号称当时最强的军队，可以把契丹骑兵赶得到处跑。

然而，这么强的军队，名义上属于皇帝，但兵权却控制在石守信等将领的手中，一旦发生叛乱，这些人随时都可以辖制皇帝，甚至杀掉皇帝。为了避免陈桥兵变二次上演，赵匡胤决定采取行动。

北宋建隆二年（961年）七月初九晚上，赵匡胤把石守信等几个禁军的高级将领留下来喝酒，借着酒劲儿，赵匡胤向他们几个诉苦，说自从当了皇帝，整夜整夜睡不着觉。石守信等人好奇，纷纷询问怎么回事，赵匡胤则回答，担心手底下的人造反。石守信等人面面相觑，知道赵匡胤是在点自己，于是问赵匡胤有没有办法解决。

于是，赵匡胤给大家广置良田，购买歌姬，并为他们主持联姻，条件就是放弃现在手里的兵权。石守信见已经没有商量的余地，于是第二天就上表，请求告老还乡。赵匡胤顺坡下驴，下令罢黜他们的职务，把禁军分成三部分，分别由殿前都指挥司、侍卫马军都指挥司和侍卫步军都指挥司掌管。新首领也是由经验不丰富、资历浅且易于控制的人担任。

紧接着，赵匡胤趁热打铁，把当年和自己打江山的兄弟们的职务纷纷解除，成功稳固了皇权，加强了中央集权的统治。

心理战术和利诱双管齐下

赵匡胤在历代皇帝中，是为数不多懂得利用心理战术驾驭臣子的皇帝之一。"杯酒释兵权"完美演绎了他的驭人之道。

赵匡胤在酒宴中借酒兴吐露真言，让大臣们猜不出他是真心实意，还是酒后胡话。这种似真非真、似假非假的言语，在心理上给了大臣沉痛一击，使将领们感到恐慌，让他们摸不着头脑，觉得是自己威胁到了皇帝的利益，在内心产生惶恐和愧疚，思维也会被打乱，失去冷静思考的能力。这时，赵匡胤已经在心理层面占了上风。

另外，赵匡胤不在上朝时讨论这件事儿，非得在酒席上拿出来说，说明他把握时机的能力非常强。将领们酒兴正浓，内心防备较弱，同时在将领们对皇帝的敬畏和忠诚的心理作用下，赵匡胤此时提出移交兵权，让大家不敢有所反抗。

心理的威吓和时机的把握，让赵匡胤占据主动权。火候差不多了，赵匡胤并不是加大威压，而是态度调转一百八十度，打了一棒子，立即拿出甜枣。赵匡胤承诺给大家好处，用兵权换取荣华富贵，让大家觉得这是一件十分划算、不吃亏的买卖，更利于将军们接受赵匡胤的条件。

合适的方法，合适的时机，配合心理攻势和利益诱导，赵匡胤玩了一手绝佳的驭人之术，在这场生死存亡的博弈中，取得了胜利。

第二章

守正用奇，看良臣披肝沥胆

1 低谷期的表现，更能展露一个人的潜力

——伊尹：从庖人到一代名相

《论语·子罕》中有言："三军可夺帅也，匹夫不可夺志也。"一支军队的将领可以被随意改变，但男子汉的志向是不会轻易更改的。

每个人的人生旅途，皆是由巅峰与低谷交织而成的。当站上荣耀的巅峰之时，切莫让骄傲之心蒙蔽了双眼，应持谦逊之态，继续砥砺前行；而一旦步入幽暗的低谷，亦无需沮丧沉沦，因为这些时刻，往往能够激发出深藏的潜能，是生命中最宝贵的磨砺石。在逆境中学会坚韧，在挫折里寻找光亮，才能蜕变成更加坚韧、更加耀眼的自己。

从厨子到宰相的逆袭

伊尹是商朝著名的大臣，曾经辅佐商汤推翻夏朝建立商

王朝。

相传伊尹出生在伊水旁边，成年之后他因为家庭贫困，流落到了有莘国，以种地放牛为生。伊尹的地位虽然卑微，但他勤奋好学，总是想建立一番功业。伊尹在有莘国待的时间长了，渐渐了解到国君非常贤明。而当时的夏朝国君昏庸无能，百姓生活贫困。于是伊尹就想劝说有莘国国君起来反抗夏朝。为此，伊尹自愿为奴隶，当了国君的贴身厨师，希望能接近国君，和他谈谈自己的理念。

有莘国国君发现伊尹非常有才能，饭也做得很好吃，就提拔他为管理膳食的官员。不过随着接触国君的时间长了，伊尹发现有莘国国小力弱，没办法和夏王朝相抗衡。正巧这时商汤想要娶有莘氏之女为妃，伊尹知道商汤是个贤明的君主，于是自愿成为陪嫁奴隶，来到了商国。

到了商国之后，伊尹背着大锅、调味料和肉亲自为商汤烹制，并借助烹调的过程分析天下的局势和为政之道。商汤对这个厨子说的话感到惊讶，知道伊尹有经天纬地之才，于是免了他的奴隶身份，拜他为右相，辅佐自己治理国家。

从此之后，伊尹踏上了一条逆袭之路。随着夏桀的残暴统治，越来越多的人起来反抗他。伊尹知道机会来了，于是找到一位叫做妹喜的女孩，进献给夏桀，并通过妹喜了解了很多夏王朝内部的情报，为推翻夏王朝奠定了基础。

推翻夏王朝，光靠商国的力量不太够，因为夏桀有一个强大的军队——九夷之师。伊尹劝说商汤停止纳贡，以试探九夷之师对夏桀的忠心。结果，商汤刚一停止纳贡，九夷之师就接到夏桀的命令攻打过来。商汤和伊尹见此情况，立即恢复纳贡。

就这样又过了几年，夏桀再次出兵攻打商汤，但九夷之师已经不再听从他的命令，伊尹觉得推翻夏朝的时机成熟了，于是就协助商汤掀起了讨伐夏朝的战争，最终打败了夏桀。

压力能激发潜力

俗话说压力就是动力。当一个人处在低谷期，面对失败的压力和对成功的渴求时，往往会激发连自己都不会注意到的巨大潜能。

低谷期，挫折和失败是我们的好朋友。之所以这么说，是因为挫折和失败让人更加清醒地认识自己，了解自己的不足之处，相当于上了一堂教育课，在反思和自省中，通过努力和改进来实现自我成长。

同时，失败和挫折会激发出强烈的斗志，"逼迫"人们寻找解决问题的方法。随着时间的推移，压力会变成驱动力，"推着"你学习新的技能，改变原有的行为模式，来适应外部的诸多挑战，进而更加努力地追求目标。在改变和求新的过程中，就激发出了新的潜能。

另外，低谷期产生的压力，还会让人们重新审视自己的价值观和目标，重新发现真正热爱的事情，确立新的、符合实际的目标，并为之付出努力。这种对价值观的重新评估有助于人们发掘新的力量，抛开其他杂念，更加专注于真正喜欢的事情。

建立心理应对机制，学会自我和解

低谷期是人生中不可避免的一部分，从古至今，无论是帝王将相，还是富商巨贾，抑或是平民百姓，都是在不断克服挫折、跨越坎坷的过程中走过来的。清楚地认识到挫折和失败的定位，能让我们在面对它们时，减少无谓的抵抗和焦虑，调整心态，更好地应对挑战。

和压力和解，和失败和解，可以有效缓解身心压力，调整情绪，建立妥善的心理应对机制。什么是心理应对机制呢？简单理解就是，在面对压力、困难或挑战时所采取的认知、情感和行为层面的策略，以缓解压力、恢复心理平衡和提升适应能力。

心理应对机制并不是单独的策略，而是包括认知层面的重新评价和调整，情感层面的情绪调节和积极情绪的体验，以及行为层面的寻求社会支持和适应性行为等在内的一系列行为方式。

建立心理应对机制的意义在于，能帮助我们适应环境的变化，比如挫折、压力和失败，提升心理健康水平。这样，当我们面对异常环境刺激时，能够更好地应对生活中的压力和挑战，减少心理负担，提高自我调节能力，以积极的态度克服困难。

逆境中才能获得成长

真正强大的人，不会因为处在低谷期而自暴自弃，反而会像伊尹那样，不断寻找机会，不断强大自己，以等待腾空而起的机遇。

纵观历史上的成功人士，比如姜子牙、韩信、刘秀等，他们都善于在低谷、贫困的境遇中，突破自我。如果仔细分析，他们身上是有很多共性的。

一个人面对巨大的压力而没有被压垮，那么他往往具有不屈不挠的意志力。走出逆境会赋予一个人自我成就感，这是一种对自身积极有利的主观评价，能给予一个人正面的心理暗示。这种自我成就感能赋予内心强大的心理韧性，就像弹簧一样，遇强则强。凡是经历过逆境的人，或者在挫折和失败中挣扎过的人，往往具有更强的心理韧性，能面对和克服更大的挑战。

当然，处于低谷期和逆境时，最大的敌人其实是自己。这就需要在逆境中，更好地处理情绪和行为，让情绪和行为始终处在自控范围内。从伊尹做奴隶却不灰心丧气的经历不难看出，他很善于通过积极正向的思维方式，来化解外部环境带来的不利因素。

强者之路，从来不是一帆风顺的坦途，而是布满荆棘与坎坷的攀登。他们之所以能够脱颖而出，是因为在低谷与逆境中，不仅没有被击倒，反而以此磨砺自己，铸就了非凡的坚韧与智慧。这种力量，源自内心深处对自我价值的坚定信念，以及在困境中不懈探索与成长的勇气。他们学会了将挑战视为成长的阶梯，将逆境转化为自我提升的契机。更重要的是，他们懂得如何驾驭情绪，以积极的心态照亮前行的道路，让每一次跌倒都成为重新站起来的序曲。最终，正是这份不屈不挠的精神，让他们在等待中蓄势待发，终将迎来腾空而起的辉煌时刻，成为后人口中传颂的佳话。

2 会创新的人，心思更活络

—— 周公：奠定中华礼乐传统

《管子·正世》中说："不慕古，不留今，与时变，与俗化。"无论是治理国家，还是为人处世，不要一味地效法古人，目光也不要总停留在当下，要学会根据时代的变化，去创新，去变革。

周公创立礼乐制度

周公，又称周公旦，是周王朝的建立者周武王的弟弟。西伯侯姬昌去世之后，周武王继承了王位，周公就成了周武王的左膀右臂，辅佐他处理国家大事。随着纣王的统治越来越残暴，周武王决定起兵推翻商朝，于是找到周公商量。周武王认为应该速战速决，不然贻误时机，就像秋天的庄稼成熟了，不立即去收获，就会损失一样。

然而周公不这么想，他觉得推翻纣王的根本因素在于德化。

从文王姬昌时代起，就一直讲究顺应天命，只有顺从自然发展的规律，无论是各国诸侯还是人民百姓，才会来亲近。所以周公认为不要着急，眼下最重要的就是把周国治理好，修德修心。

后来，随着诸侯和人民越来越拥护周国，周武王发动了战争，推翻了纣王的统治。周王朝建立之初，百废待兴。由于纣王的残暴统治，国家制度几乎崩溃，所以最紧要的就是建立一套有利于周人统治的制度，于是这个任务自然落在了周公的身上。

周公参考了夏商的制度，取其精华，去其糟粕，并进行改革创新，创立了周朝的礼乐制度。这套制度后来成了中国几千年的根基。

周公创立礼乐制度的大前提就是要尊重周人祖先的文化传统，然后吸收夏、商文化的精髓，制定出适合现实需要的礼乐制度。周公对孔子的思想比较重视，坚持了"三代损益"原则，所以他创立的周朝礼乐制度，是把前朝优秀的管理方法全部吸收融合，从而形成的全新体系。

周公创立的礼乐制度中，有一个特别重要的，那就是分封制。周公在全国各地派遣了管理者，也就是封王，这种分封制建立在血缘基础上，同时也兼顾了政治因素的考虑，一方面分封了同姓宗族的贵族，另一方面又安排了异姓王公大臣，包括夏朝和商朝的遗族。这一点完美体现了周公的创新精神。

礼乐制度除了分封制，还明确了上尊下卑的等级，包括宗法制度和礼乐等。宗法制度可以缓解贵族内部的矛盾，以血缘关系来分配政治权力，并且确立了嫡长子继承制，维护了贵族内部的稳定。而礼乐，则规定了贵族们的生活准则，不同的场合、不同的身份，使用什么样的器皿、乐器等，形成了一套复杂的生活制度。无论是谁，只要违反了这套制度，就会受到惩罚。

周礼的形成，是周公为了顺应时代的变化，维护周王朝统治所做的一次创新之举，不仅稳固了周王朝，还对后世几千年产生了深远的影响。

创新源于活跃的思维

周公之所以能创立全新的礼乐制度，除了他博学多才之外，离不开活跃的思维方式。

创新思维包含很多方面，比如好奇心、探索欲、开放思维等。有创新能力的人通常对周围的事物充满好奇，能观察到别人观察不到的点，能从司空见惯的现象和事物中，寻找到不同寻常的特质，从而深入探究事物的本质和背后的原理。好奇心是获取知识的第一驱动力，有了好奇心我们才能不断探索、发现新知识，从而为创新提供源源不断的灵感。

另外，有创新能力的人之所以思维活跃，是因为他们不拘泥于传统的思维模式和观念，习惯于突破固定思维，寻找思考问题的新方式和新途径，接受和尝试新的想法和方法。这样就能从不同的角度和层面思考问题，将看似不相关的信息或元素联系起来，从而产生新的创意和解决方案。

假如周公思维固化，没有好奇心，不善于思考，只是一味地沿用商王朝的制度，完全不做更改，也不会产生专属于周王朝的礼乐制度。

正是由于周公身上有好奇心，有自我驱动的能力，才会从过去的制度中吸取教训，然后根据实际情况设定新的目标，并驱动自己去实现这个目标。在这个过程中，他还必须自主地寻找资源和机会，不断优化和完善自己的方案。

冒险是创新的途径

拥有创新能力的人，往往也是勇于探索未知的冒险家。创新，本质上是对既有框架的超越，旨在创造出前所未有之物，其效果与影响，因未知而充满变数，自然伴随着风险与挑战。冒险精神，在这一过程中，成了不可或缺的驱动力。

在人生的高阶旅程中，冒险并非盲目行事，而是基于对未知世界的好奇与尊重，敢于踏出舒适区、追求新知的勇气的体现。正如周公制定礼乐制度，这是一项前无古人的创举，其成功与否，在当时亦是未知数。然而，正是这份对未知的探索欲与承担风险的勇气，推动了他迈出关键一步，为中国古代社会制度的发展奠定了基石。

创新之路，从不平坦，我们会面对种种不确定性与潜在风险，唯有拥有冒险精神的人，能够勇于直面挑战，不断突破自我限制。这种精神，不仅是个人成长的催化剂，也是社会进步的重要源泉。

　　值得注意的是，冒险并非不计后果的鲁莽行为，而是深思熟虑后的勇敢尝试。它促使我们拓宽视野，打破常规思维，勇于挑战既有的权威与传统观念，从而开辟出新的道路与可能性。

　　周公的例子，是对这一理念的生动诠释。他不仅是一位具备高度创新能力的领导者，更是一位敢于冒险、勇于实践的先驱。正是这种精神，让他在历史的洪流中留下了不可磨灭的印记，也为后世树立了勇于探索、不断创新的典范。

3 获取信任，在于精准掌控人性

——商鞅：立木取信，推行改革

  《论语》中有言："人而无信，不知其可也。"意思是，一个人如果不讲信用，真不知道他是否可以做成事。诚信是做人之本、成事之基，是把你和他人、组织连接起来的关键，没有了诚信，就算你本事再大，也无法在社会上立足、成事。

商鞅立木取信

  战国时期，中国大地上有七个非常强大的国家，分别是齐、楚、燕、韩、赵、魏、秦。前六个国家都十分强大，只有秦国位于西边蛮荒之地，总是发展不起来，被其他国家吞并了很多土地。秦国历代君王都想要增强国力，但始终没有找到办法，无论是经济实力还是文化政治都远远落后于其他六国。

  周显王八年（前361年），秦国的新君主秦孝公刚刚即位，就下定决心奋发图强。国家发展需要人才，于是秦王下了一道命令，里面说秦王需要各种人才，不论出身，不论是秦国人，或者是外来的客人，只要能有方法、有政策能使秦国富强起来的，就封他做大官。

这道法令很快吸引了各国人才，纷纷拿着自己的治国之策和秦王洽谈。这些人里有一个来自卫国的人，他的名字叫公孙鞅。公孙鞅觐见了秦孝公，和他谈了很多治国方略和改革方法。秦孝公听了之后大为赞赏，于是任命公孙鞅为左庶长，让他主管秦国改革的一切法令。

有了法令就需要有人来执行，可是公孙鞅作为一个外国人，谁都不认识他，不了解他，他发出的命令怎么能让人听从呢？

公孙鞅想了一个巧妙的办法，他命令士兵在都城的南门竖起一根三丈高的木头，这个奇怪的举动引来很多人围观。公孙鞅站出来，对周围的百姓说："如果有人把这根木头扛到北门去，就给十两金子。"

听了公孙鞅的话，百姓们交头接耳起来，大家都觉得这是耍人玩儿的，怎么可能有这种便宜事？所以大家都只看着，不愿意去尝试。公孙鞅见状，微微一笑，把赏金直接提高到了五十两金子。随着赏金的提高，周围百姓越来越觉得不合理，更加不愿意尝试了。

"我来试试。"

忽然，人群中走出一个人来，是一个五大三粗的汉子，他撸起袖子，二话不说就扛起木头向北门走去。老百姓们一边说这人是"傻子"，一边跟在他身后，一起来到了北门，想要看这人被耍的结果。

等这个汉子把木头搬到北门后，公孙鞅二话不说，立即命人把五十两黄金当着老百姓的面送到了那人手中。很快，这件事就在国都内传开了，老百姓们都说："左庶长真是言而有信。"

随着立木取信的事件越传越火爆，公孙鞅趁热打铁，下令颁布新法，对秦国上下进行改革。果不其然，无论是百姓还是贵族，无不遵守法令，改革进行得很快。

自从变法之后，秦国国力越来越强，不仅打服了西戎，还逐步向东扩张。后来，公孙鞅又废井田，开阡陌，增加耕种面积，同时迁都咸阳，为秦国东进、统一中原奠定了基础。

为了奖励公孙鞅的功绩，秦孝公赐商於十五邑给公孙鞅，号为"商君"，所以后世人称公孙鞅为"商鞅"。

打破羊群效应，掌控人性

商鞅立木取信之所以能收到不俗的效果，关键在于商鞅懂得人性的弱点，并且善于使用羊群效应。

羊群效应是心理学上一个重要的概念，指的是一个人的观念或行为，在受到无论是真实群体还是想象中的群体的压力和影响时，总是不自觉地与多数人的行为和观念趋于一致的现象。

羊群效应表现为个体采纳特定或临时情境中具有优势的观念和行为，或者长期占优势地位的观念和行为。

商鞅知道搬木头就能获得金子这种情况不真实，老百姓都有从众心理，当大部分人不愿意尝试时，其他人也一定不愿意尝试。不过国都百姓千千万，一定会有人站出来做领头羊。所以商鞅有耐心等。

因为一旦有人尝试，并获得了金子之后，他们对于商鞅的信任就会产生放大效应。一传十，十传百，这件事会成为戳破羊群效应的"匕首"，打破大多数人对商鞅的固有印象和怀疑。最后，在羊群效应的加持下，其他人也会跟风，对商鞅的信任会达到新高度。

群体影响个体的信任

商鞅能打破羊群效应，同样也会利用羊群效应，让百姓们信任他。

在信息不完全和群体的压力下，普通人可能会倾向于模仿他人的行为和观点。当有人觉得商鞅有信用，是个大好人的时候，其他人为了融入群体，也会不自觉地被群体性的行为模式影响，虽然不至于造成"以讹传讹"的效果，但也差不太多。因为当大多数人持有某种观点或行为时，个体迫于"合群"的压力，会跟随这一趋势，导致对信息认知的不准确或偏差，从而影响自己的决策和行为。群体模式在某种程度上影响了个体的判断和决策，久而久之，哪怕不熟悉商鞅的人也会对他非常信任，觉得他很了不起。

一方面当有一个人站出来搬木头，并获得金子后，这种行为会让之前一部分不信任商鞅的人对他产生信任感。这个"一部分人"的信任会产生连锁反应，进一步影响其他人。

另一方面，商鞅通过立木取信，在百姓心中生成了"权威"的形象。当"权威"树立起来之后，个体会不由自主地认为权威人士或组织的行为是正确的，从而建立起信任。极端情况下，哪怕权威人士或组织的行为存在错误，个体可能也会产生过度信任。

商鞅精准掌控了普通人的内心，通过一根木头在秦国建立了群众对自己的信任，从而为变法改革铺平了道路。

4 善于揣摩人心，立于不败之地

——诸葛亮：利用曹操多疑性格，草船借箭

《鬼谷子·揣篇》中说："古之善用天下者，必量天下之权而揣诸侯之情。"鬼谷子认为，想要把游说之术运用到制衡天下中去，不仅要洞察天下政治形势的发展和变化，还要揣摩各诸侯国国君的内心所想。

这么看来，善于揣摩人心是立于不败之地的大前提。

诸葛亮草船借箭

草船借箭的故事来源于《三国演义》。

当时，曹操的势力非常强大，刘备无法和他抗衡，于是诸葛亮提出了联吴抗曹的策略，他带着人来到了吴国，试图说服孙权和刘备联合。

周瑜是东吴的大将军，也非常聪明，不过他不服诸葛亮的才能，决定为难他一下。周瑜对诸葛亮说，想要抵抗曹操大军，他们还缺很多箭，于是让诸葛亮在十天之内造出十万支箭。东吴的人本以为诸葛亮会拒绝，没想到诸葛亮却说："曹操大军即日将至，若等十天，肯定误了大事。我只需要三天就可以了。"

周瑜见诸葛亮这么狂妄，内心大喜，立即让诸葛亮立下了军令状。因为周瑜觉得，诸葛亮绝对不可能在三天之内造出十万支箭，这样一来诸葛亮必死无疑，就再也不会谈什么联合抗曹了。

诸葛亮和孙权的谋臣鲁肃交好，所以周瑜就让鲁肃跟着诸葛亮，趁机打探虚实。鲁肃询问诸葛亮怎么造箭，需要多少工匠、多少竹子。诸葛亮不慌不忙地说："只要你借给我二十只船，我保准三天内把箭造出来。"鲁肃纳闷，诸葛亮接着说："每船配置三十名军士，船只全用青布为幔，各束草把千余个，分别竖在船的两舷。之后的事，我自有妙计。"

鲁肃也不想为难诸葛亮，于是私下里给他准备好了船，没有让周瑜发现。周瑜找到鲁肃问他诸葛亮有什么动向，鲁肃没提船的事儿，只说诸葛亮没准备造箭用的竹、翎毛、胶漆等。周瑜听了，疑惑不解。

诸葛亮收到鲁肃准备的船后，前三天都没任何动作，一直到了第三天晚上，诸葛亮把鲁肃请到船上，神神秘秘地告诉他今晚去取箭。鲁肃被诸葛亮搞得云里雾里。

到了凌晨，水面上起了大雾，诸葛亮下令用铁锁把二十只船连起来，向曹营出发。慢慢地，船接近曹操军营的水寨，诸葛亮下令击鼓呐喊，制造想要进攻的声势。鲁肃一听，立即吓得面无血色。诸葛亮却安之若素说："别担心，现在是夜晚，水面起了这么大的雾气，按照曹操多疑的性格，他绝对不会轻易出兵，你我只管喝酒。"

果不其然，曹操听到属下汇报之后，担心雾气中遭到敌人的伏兵，下令不要出战，然后紧急调集弓弩手和水军射手总共一万多人，一起向江心射箭。刹那间，箭如雨下，纷纷落在诸葛亮准备的二十条船上，箭雨击中草把和布幔，没一会儿，整条船就成了"大刺猬"。

接近天亮时，诸葛亮下令士兵一边往回走，一边大喊："谢曹丞相赐箭！"曹操听到这个声音，方才明白上了诸葛亮的当，但想追已经来不及了。

船队回到东吴，诸葛亮和鲁肃下船，并通知周瑜来取箭。只见船上草把排满密密麻麻的箭矢，数量已经超过了十万。

周瑜忍不住赞叹，诸葛亮果然是神人啊。

巧妙利用人性中的多疑

诸葛亮草船借箭的大前提，是利用曹操多疑的性格。这里面涉及了诸葛亮对于人性的了解。

任何人在面对未知或不确定的情况时，往往会感到恐惧，进而引发过度思考，过度思考的结果就是疑心越来越重。加上情况不明，又无法破除这种"不明"的时候，会不自觉地选择保守的方法。曹操在雾中的疑虑表现正是如此。

诸葛亮是个善于利用人性弱点的高手，他和曹操打交道很多次了，对这个老对手的性格十分清楚，所以故意选择在大雾天，制造一种让曹操感到恐惧的情境，来逼迫他做出射箭退兵的决策。

可以说，诸葛亮草船借箭成功的根本原因，其实就是善于揣摩对手的心理特点。

期望效应影响决策

期望效应在曹操的行为和结果中也发挥了重要作用。期望效应即一个人遇到某种情景时，内心产生的期望会影响其行为和结果。

诸葛亮通过精心设计和准备，使船只和草把在雾中看起来像是敌军大部队，这就形成了一个强烈的暗示，让曹操认为敌军大部队正在靠近。而曹操呢，由于当天晚上的作战环境不利于己方士兵，再加上他多疑的性格，对诸葛亮的这个暗示形成了强大的心理压力，于是在内心默认会有猛烈的袭击。而这个想法就是心理预期。

有了预期，曹操的行为就会被影响。基于这个虚假的预期，曹操才会做出攻击性的决策，命令手下提前放箭攻击，以防止心理预期的情况出现。然而，曹操的攻击性行为正是诸葛亮所期望的，可以说，曹操的期望效应直接推动了诸葛亮草船借箭的成功。

揣摩人心，获得主动权

心理攻防，无论是在什么情况下，都是上等战术。而揣摩人心是进行心理攻防的必备手段。

人的心理状态，往往会通过肢体动作、语言、表情等体现出来。所以揣摩人心所想时，需要从这几个方面入手。

言辞和语调是直接传达出情绪和意图的途径，观察和分析一个人的语言语调，能轻松获得他的情绪状态，进而了解他的心理状态。

身体语言也是一种重要的沟通方式，它可以传达出人们的情绪、态度和意图。观察他人的身体语言，如姿势、动作、面部表情等，可以帮助我们更好地理解他人的心理状态。

一个人的身体语言往往有固定模式，从而形成行为模式，这是一个人性格和习惯的外在反映。观察他人的行为模式，如决策方式、交往方式、应对压力的方式等，能更好地理解他们的心理特质。

就像诸葛亮那样，在和曹操的对战中，虽然没有强大的军事力量，但靠着揣摩人心、剖析人性，就能轻松获得主动权，立于不败之地。

5

掌握沟通技巧，更容易说服他人

——魏徵：不做忠臣，要做良臣

俗话说"忠言逆耳"。然而历史上有些名臣，他们虽然说着忠言，却能让皇帝听得心悦诚服，这是因为他们掌握了沟通的技巧。

魏徵巧妙化解刁难

魏徵是唐太宗时期著名的谏臣，为唐太宗提出了很多治国和修身的方法。为此，唐太宗把魏徵比作自己的镜子，因为魏徵可以帮他纠正身上的过错。

唐贞观元年（627年），有官员举报魏徵以权谋私，这让唐太宗很生气，于是他派御史大夫文彦博调查这件事。很快，调查结果出来了，这个官员的举报纯属污蔑。不过文彦博却对唐太宗说："既然有人举报，那这件事就不会是空穴来风，魏徵自己的言行肯定也有问题。"

唐太宗听了文彦博的汇报，觉得有几分道理，于是就召见魏徵，提醒他注意自己的言行举止，多做事，少说话。

可是魏徵是一位谏臣，他存在的意义就是要多说话，这样才能纠察朝廷的弊政。不过魏徵并没有和唐太宗争论，在之后的很长一段时间，魏徵在上朝的时候都没有议论朝政，闷头不说话。这反而让唐太宗不太适应，于是主动邀请魏徵到了他的寝殿。

唐太宗开门见山地问魏徵最近为什么没有指出自己的过失，反而在朝上沉默不语。于是魏徵接着唐太宗的话说："前几天，陛下让臣注意言行，少说多做，臣认为这样是不对的。君与臣本来就是一体的，治理国家，没听说不在乎公理，而在乎言行的。陛下既然让臣做一名谏臣，必然要直言不讳。希望陛下让臣做一名良臣，而不是忠臣。"

唐太宗有点不明白，问："忠臣和良臣有什么区别吗？"魏徵点点头："当然有。"于是魏徵举了一个例子：商朝末期，纣王的皇叔比干是大忠臣，他以死进谏，青史留名，结果没能挽救国家，还让纣王落得千古骂名。他虽然是忠臣，但不是良臣。良臣应该不仅要让自己有好名声，也要让君王有好名声。

唐太宗听了魏徵的话，明白了他的用意。虽然魏徵表达的意思是反驳前几天唐太宗让他注意言行的话，但魏徵并没有直接指出来，而是利用了迂回策略，拐弯抹角地点出来，让"意见"听起来顺耳，赢得了唐太宗的肯定，也起到了"直谏"的效果。

自那之后，唐太宗再也不提让魏徵注意言行的话，反而让他多说，多多指出朝政的问题所在。就这样，在魏徵的辅佐下，唐太宗成了一代明君。魏徵也成就了良臣的声誉。

沟通要讲究技巧

魏徵与唐太宗之间的故事，充分展示了沟通技巧在人际交往中的重要性。魏徵作为唐太宗的谏臣，深知如何通过巧妙的沟通方式，表达自己的观点，又维护与皇帝的关系。

他在面对唐太宗的批评时，并没有直接反驳，而是通过迂回的策略，以柔和的语气表达了意见，使唐太宗能够接受并理解他的立场。

魏徵的沟通技巧，包括适时的沉默、适当的时机选择以及运用历史案例来支持自己的观点，都体现了他在政治交往中的智慧。他不仅关注自己的名声，也关注唐太宗的形象，这使得他在沟通中能够取得更好的效果。

在现代社会，沟通技巧同样至关重要。无论是在职场、家庭还是社交场合，有效的沟通能够帮助我们更好地表达自己的观点，解决冲突，建立良好的人际关系。学习和掌握沟通技巧，对于个人的发展和成功至关重要。

沟通需要掌握主动权

"顺应"不是一味顺从，而是要从情感、需要、认同等多个方面去揣摩沟通者的意图，这样才能更好地理解对方的意思，从而在人性的层次掌握沟通的主动权。

魏徵之所以能"硬话软说"，把逆耳的忠言说得容易让人接受，让唐太宗不仅能听得进去，还深深地赞同自己的观点，关键就在于他掌握了沟通的主动权。

沟通时，观察对方的表情、语气和肢体语言，时刻关注对方的情感变化和需求，能及时掌握对方的情绪反馈。同时，要给予对方充分的表达空间，让对方最大限度地提出自己的想法，这样可以具体掌握对方的条件，在此基础上，建立沟通的信任和认同。

不同的人有不同的沟通风格和习惯，沟通过程中，要观察对方的语言风格和习惯，结合他表达的意图，深入剖析内心需求。毕竟很多人嘴上说的是一套，其实心里想的是另一套。这就要在沟通过程中，准确把握对方的真实想法。

做到这一切，就能轻松根据对方的反馈，调整沟通策略，以更好地适应对方的需求。

魏徵在见到唐太宗时，通过观察他的行为和交谈的话语，其实已经掌握了唐太宗的真实意思。唐太宗之所以对魏徵不对朝政表达看法提出疑问，就在于他已经习惯了魏徵给自己提意见。如果魏徵不提，那肯定是憋着更大的意见。所以唐太宗内心忐忑，才急着找魏徵询问。

魏徵准确抓住了唐太宗的内心需要，顺着唐太宗想要做一位明君，继续让别人指出过错的心理，提出了"良臣和忠臣"的言论，正中唐太宗的"要害"。

所以说，魏徵的话语，其实正体现了他察言观色的本事以及高超的沟通技巧。这两者相结合，才成就了让唐太宗多次称赞的魏徵。

6

深谋远虑的人，往往懂得审时度势

——长孙无忌：玄武门之变，当机立断

清朝的洪仁玕在《资政新篇》中指出，事有常变，理有穷通……其理在于审时度势。宇宙中的一切事物都是在不断变化的，而事物中蕴含的道理是无穷无尽的。人生在世，想要一帆风顺，就需要审时度势，深谋远虑。

唐朝名相长孙无忌

长孙无忌是唐太宗时期著名的宰相，因为功勋卓著，被列为凌烟阁二十四功臣之首。长孙无忌之所以能取得这样的成就，和他的深谋远虑不无关系。

长孙无忌是隋朝右骁卫将军长孙晟之子，祖上世代都是北朝的重臣。长孙无忌小时候的生活并不顺遂，幼年父亲去世，跟随母亲到舅舅家生活。长孙无忌聪明好学，博文通史，与当时还是唐国公的李渊的儿子李世民关系非常好。后来，长孙无忌的舅舅见李世民一表人才，于是就把长孙无忌的妹妹嫁给了他。

后来唐国公李渊起兵反抗隋朝的统治，李世民也担任了重要的角色，为此李世民搜罗了很多有才学的人来辅佐自己，而长孙无忌就是其中最重要的一个。隋朝被推翻之后，李渊登基称帝建立唐朝。李世民南征北战，为唐朝初期的稳定立下了汗马功劳。

然而，随着李世民军功积累，在朝上的声威越来越大，威胁到了他大哥也就是太子李建成的地位。这让李建成内心非常不安。于是，李建成勾结齐王李元吉，数次加害李世民，李世民碍于兄弟情义，屡次忍让。这让李世民的幕僚们耿耿于怀。长孙无忌私下里找房玄龄商量，他们都认为一味忍让不是办法。况且，按照眼下的形式，李世民和李建成已经交恶，哪怕以后李建成登基称帝，面对李世民的功绩以及在朝堂上的地位，李建成也不会放过李世民的，到时候长孙无忌和房玄龄等一干辅佐之人，也没有好日子过。

经过一番深思熟虑，并结合未来的形势走向，长孙无忌拉着房玄龄找到李世民，劝说他早早采取应对措施。当时李世民有些犹豫，长孙无忌几人极力劝说他先发制人，诛杀李建成和李元吉。

之后不久，李建成在李渊面前说李世民的坏话，并趁机把房玄龄、杜如晦等人从李世民身边调走了。此时，李世民身边只剩下长孙无忌。长孙无忌觉得事情不能再耽搁下去，于是动员秦王府所有人一起劝说李世民。之后传出消息，李建成决定利用征战突厥为名，建议李渊抽调李世民身边的精兵猛将，并任命李元吉为大将军带兵出征。

这样一来，李世民就成了光杆司令。长孙无忌意识到李建成要先动手了，再次力劝李世民。终于李世民决定发动政变，并把房玄龄和杜如晦叫来一起筹划。

唐武德九年（626年）六月，李世民率长孙无忌、尉迟敬德等人埋伏在玄武门，诛杀了李建成和李元吉。随后李渊封李世民为太子，同年八月退位，李世民登基称帝。

多谋善断才能成大事

长孙无忌作为李世民身边最重要的谋臣，他最大的长处就是眼光毒辣，深谋远虑，擅长从长远的利益纠纷、利害关系中寻找突破的方法。

从策划玄武门之变的经过中可以看出，长孙无忌身上有着超强的理性，能客观地分析和评估情况，不轻易受到情感或个人偏好的影响。同时，在做出决策之前通常会进行深入的思考和研究，不会轻易做出决定，而是仔细权衡利弊，从多角度思考问题。

长孙无忌身上还拥有强大的决策能力。即使大敌当前，长孙无忌也可以保持冷静和理智，在复杂和不确定的情况下准确评估风险和机会，进而做出明智的选择。这也是李建成加紧迫害李世民的时候，长孙无忌拒绝忍让，快速谋划政变、化解危机的原因。

审时度势，及时应变

长孙无忌还拥有审时度势，清晰地分辨眼下形势变化的能力。

审时度势，在心理学上通常被解释为具有高度的认知灵活性和情景适应性，准确地感知和理解当前的环境和情境，并根据这些信息做出恰当的反应和决策的行为。

其中，认知灵活性和情景适应性是非常重要的。

认知灵活性指个体在思考、解决问题和应对变化时能够灵活地调整自己的认知策略和思维方式。李渊起兵之初，李建成和李世民的地位是相当的，那时站在长孙无忌的角度，他可能不会考虑兄弟相残的悲惨事情。

然而随着李渊称帝，权力和利益的争夺越来越激烈时，长孙无忌的认知和思维就发生了巨大变化。此时他深刻意识到李世民已经不是李建成的弟弟，而是敌人。所以才会促使李世民发动政变。从这一点可以看出，审时度势的人通常能够灵活地运用不同的认知策略来适应不同的情境，从而更好地解决问题和应对挑战。

　　而情景适应性则是深谋远虑、审时度势的另一个重要特质，指个体能够根据当前情境的需求和特点，调整自己的行为、情绪和思维方式，以更好地适应环境。情景适应性其实是认知灵活性的补充，能帮助个体敏锐地感知到情境的变化，并迅速地做出适应性的调整，以保持与环境的协调一致，不至于被淘汰。

7

改正错误，才能"逆袭"人生

——韦应物：知错能改成贤官

《左传》中说："过而能改，善莫大焉。"意思是一个人犯了错误后，能够认识并改正错误，就是最好的事情。在人生的道路上，每个人都会犯错，无论是因为经验不足、判断失误还是外界干扰，错误是难以避免的。但关键在于，我们是否能够意识到自己的错误，是否勇于面对自己的不足和过失，不逃避、不掩饰，才有可能去改正它。

从纨绔子弟到贤德臣子

韦应物是唐朝闻名遐迩的大诗人，诗才惊艳，我们耳熟能详的《滁州西涧》《东郊》《闻雁》都是他的代表作。和其他年少成名、才高德显的名士不同，韦应物年轻的时候，是名副其实的纨绔子弟。

韦应物出身大唐名门京兆韦氏，这个家族世代为官，声名显赫。他自小就生活优越，即使不识字，也可以尽情饮酒作乐，在长安城中恣意妄为。尤其是他凭借家族的恩荫，成为唐玄宗的近侍后，更是变得狂妄自大、飞扬跋扈。那个时候，韦应物就是长安城中的"小霸王"，想干什么就干什么，想说什么就说什么，丝毫不在意别人的想法，甚至曾经多次收留和搭救亡命之徒。

然而，世事变幻，总是无常，就在韦应物最得意的时候，大唐却变了天。

唐天宝十四载（755年）冬，安史之乱爆发，长安陷落，唐玄宗仓皇出逃。本来应该跟着一起逃走的韦应物却因为有事被落下了。失去了靠山，没有了家族庇护，一直活在富贵繁华迷梦中的韦应物一下子就被现实的残酷惊醒了。之后很长的一段时间里，他的日子都过得很苦，颠沛流离，辗转不定，有的时候甚至连饭都吃不上。也就是在这段时间，他切实感受到了民生的疾苦，也认识到了自己过去的愚蠢和荒唐，所以，痛定思痛，开始发愤图强。

他不仅想方设法入了太学，开始读书；在考取功名、顺利入仕后更是急百姓之所急，忧百姓之所忧，清廉秉公，爱民如子。担任洛阳丞时，韦应物为了维护百姓，毅然惩办肆意扰民的不法军士；在京兆府做功曹时，他不惧洪峰、不畏烈日，亲自前往洪灾一线，与百姓一起守护堤坝；在滁州做刺史时，他常常在田间地头与百姓一起耕作，切实了解百姓的诉求；在江州、苏州担任主官时，他也兢兢业业、公正廉明，从不接受贿赂和请托，一心为百姓谋福祉，甚至离任时，穷得连回乡的钱都没有，只能寄居在寺庙中。

他的平易、他的真心、他的付出，也为他换来了回报。他任职过的地方，百姓们都极爱戴他。时至今日，苏州虎丘的五贤堂中仍旧供奉着韦应物的塑像。由此可见，苏州人对韦应物的评价之高、爱戴之深。

自我觉察是自我发展的前提

韦应物年轻时的行为，显示出他当时处于一种高度自我中心的认知状态，对外部世界和他人的感受缺乏足够的理解和同理心。然而，安史之乱后的生活巨变，成了他认知重构的契机。在极端困境中，他被迫面对现实，这种"逆境教育"促使他深刻反思自己的过去，认识到自己的错误和荒唐。这一过程体现了心理学中的"认知重构"理论，即个体在面对重大生活事件时，会重新评估自己的信念、态度和价值观，从而形成更为成熟和现实的认知体系。韦应物的自我觉察和认知重构，为他后续的积极改变奠定了坚实的基础。

情绪调节与动机激发

在经历了生活的巨大落差后，韦应物体验到了深刻的负面情绪，如失落、恐惧、悔恨等。然而，他并没有沉溺于这些情绪之中，而是选择了痛定思痛，发愤图强。这一转变体现了他强大的情绪调节能力。他通过积极寻求改变，将负面情绪转化为推动自己前进的动力。同时，他对百姓疾苦的深切同情和责任感，也激发了他为民请命的强烈动机。这种动机的激发，不仅促使他在仕途上努力进取，更使他在为官期间能够真正做到清廉秉公、爱民如子。

行为改变提升适应能力

韦应物的行为改变体现在多个方面。他放弃了过去的奢侈生活，转而致力于学习和为民服务。他亲自参与农田劳作，与百姓同甘共苦；他严惩不法军士，维护百姓利益；他不畏艰难，亲自前往洪灾一线抗洪救灾。这些具体的行为改变，彰显了他为民服务的决心和行动力。

在仕途上，韦应物展现出了高度的适应能力。他能够根据不同的环境和任务调整自己的行为策略，做到因地制宜、因时制宜。同时，他也能够处理复杂的人际关系和利益冲突，保持清廉秉公、公正廉明的形象。这种适应能力的提升使他在仕途上取得了显著的成就。

韦应物从昔日的纨绔子弟转变为清官廉吏的过程中，实现了个人角色的转变，更赢得了社会的广泛认同。他的行为和事迹被后世传颂不衰，成了清廉为民的典范和楷模。这种社会角色的转变和认同不仅是对他个人努力的肯定，也是对他知错能改精神的最高赞誉。

这个故事启发我们：在面对错误时，应该勇于承认并反思自己的不足，积极寻求改变和提升自我；也要将负面情绪转化为前进的动力，以更加积极和负责任的态度去面对生活和工作。

8 暂避锋芒，静待时机到来

——徐阶：不除奸臣死不休

　　《菜根谭》中说："淡薄之士，必为浓艳者所疑；检饬之人，多为放肆者所忌。君子处此，故不可少变其操履，亦不可露其锋芒！"意思是，志远而淡泊的人，一定会遭受热衷名利之流的怀疑；言慎而检的真君子，往往会遭受那些邪恶放纵之辈的忌恨。所以君子如果处在这种既被猜疑而又遭忌恨的环境中，固然不可改变自己的操守和志向，也绝对不可锋芒尽出，过分表现自己。

步步为营扳倒严嵩父子

　　徐阶，字子升，明朝中期名臣，于明嘉靖二年（1523年）考中探花，被授翰林院编修。正当他满腔热血准备大展抱负之时，赶上明世宗"去孔子王号"事件。徐阶认为孔子应属"文化宣教之王"，便忤逆明世宗的宠臣张璁之意，结果因此事被贬为延平府推官。

之后多年，他一直辗转在浙江、江西一带督学。这次挫折磨砺了徐阶的心性，让他的性情更加谨慎、沉稳。

由于明世宗沉迷道教，好长生不老之术，惰于政事，便将朝中事务皆交给朝臣处理。夏言正直敢言，政绩突出，于明嘉靖十八年（1539年）成为内阁首辅。这一年，徐阶被召回京师，被选为东宫僚属。

夏言此时深得明世宗的宠信，又与严嵩同为江西老乡，于是严嵩便拼命地讨好夏言，以求他在明世宗面前为自己美言。但当严嵩获得明世宗的宠信后，他便开始在明世宗面前进谗言，陷害夏言。在严嵩的一再离间下，明世宗逐渐疏远了夏言。

明嘉靖二十五年（1546年），陕西总督曾铣请求朝廷出兵收复河套地区。夏言出于国家利益的考虑，大力支持此事，却被严嵩诬陷与曾铣勾结，图谋不轨。夏言最终被斩首弃市，严嵩从此开始了长达二十年的擅权专政。他和其子严世蕃结党营私，残害忠良不计其数。

夏言对徐阶有提携之恩，徐阶对他一直十分仰慕。恩师被陷害，蒙冤而死，让徐阶很是悲痛，但他深知自己不是严嵩的对手，只得隐忍不发、暗中蛰伏。也因为他与夏言的师生之谊，严嵩对他颇为忌恨。

明嘉靖二十八年（1549年），皇太子朱载壡骤然薨逝。太子丧仪过后，徐阶上疏请立裕王为太子。然而这件事触犯了明世宗的逆鳞，引起了他的不满。不久后，徐阶又因"方皇后袝入太庙"一事得罪明世宗，被他打发去邯郸吕仙洞斋醮祈福。严嵩趁机在明世宗面前进谗言。从此，明世宗对徐阶更加厌恶。

经过此事，徐阶深刻地意识到，想要扳倒严嵩父子，需得步步为营，避其锋芒，暗中蓄力，等待合适的时机。由于明世宗崇道，凡青词造诣高的人，都能得他的信任和提拔。为了快速进入核心权力层，扳倒严嵩父子，徐阶开始苦学青词。功夫不负有心人，通过刻苦钻研，他逐渐学有所成，如愿获得了明世宗的赏识。

明嘉靖四十年（1561年），徐阶终于等到了机会。这一年的十一月二十五日，明世宗修道的万寿宫突发火灾，他只得移驾玉熙宫，后又移驾大玄都殿。但这两处宫殿都不宽敞，明世宗很不满意。

当时正在重修三大殿，财政紧张，严嵩于是便建议明世宗移驾南城。然而，南城曾是明英宗朱祁镇被囚禁之处，明世宗很是忌讳，便开始厌恶严嵩。徐阶意识到机会来了，称修建三大殿的剩余木材可用于修建被烧毁的万寿宫，明世宗闻言大喜，此后更加倚重徐阶，还让徐阶的儿子负责修缮事务。万寿宫修建完成后，徐阶被升任为少师。

看到明世宗与严嵩的关系出现裂缝，徐阶暗中令御史邹应龙上书弹劾严世蕃倚仗父亲之势贪污受贿，结党营私，残害忠良。明世宗顺势勒令严嵩致仕，严世蕃被判流放广东雷州。

谁知严世蕃胆大妄为，竟中途擅自返回故乡，并大肆扩建府邸，御史林润得知后上疏弹劾。徐阶侍奉明世宗多年，深知只有"勾结倭寇"和"图谋不轨"这些罪名才可直击明世宗的痛点。林润根据徐阶的指点修改了奏疏，明世宗看后果然震怒，下令处死严世蕃，抄没严嵩的所有家产。严世蕃死后，严嵩无家可归，最终病饿而死。他死后既无棺木下葬，也没人前去吊唁，十分凄惨。

徐阶升任内阁首辅后，大力革除严嵩时期带来的弊政，"以威福还主上，以政务还诸司，以用舍刑赏还诸公论"，一时间"论者翕然推阶为名相"。

暂避锋芒，曲线救国

徐阶在多次受挫后，不仅心性变得更加谨慎、沉稳，还展现出了卓越的认知调整能力和策略性思维。他意识到直接对抗严嵩并非明智之举，因此选择了暂避锋芒，暗中蓄力。他通过苦学青词，获得明世宗的赏识，逐步接近权力中心，这是典型的"曲线救国"策略。同时，他敏锐地捕捉到明世宗与严嵩关系出现裂缝的时机，利用外部事件（如万寿宫火灾）推动局势发展，最终成功扳倒严嵩父子。这种策略性思维体现了徐阶对局势的深刻洞察和精准把握，这是他在复杂政治斗争中取得胜利的关键。

灵活运用人际关系

徐阶在暂避锋芒的过程中，也巧妙地运用了社会支持和人际关系的智慧。他深知自己在朝中孤立无援，因此更加珍惜与夏言的师生情谊，并在夏言被害后隐忍不发，避免成为严嵩的下一个目标。同时，他也积极寻求与朝中其他官员的合作，如御史邹应龙和林润，通过他们的力量共同对抗严嵩父子。这种人际关系的智慧运用，不仅为徐阶赢得了宝贵的盟友，也增强了他在政治斗争中的影响力。此外，徐阶还善于利用明世宗的个人喜好（如崇道、重视青词）来提升自己的地位，这进一步体现了他在处理人际关系和利用社会资源方面的高超技巧。

徐阶的暂避锋芒策略不仅是对个人情绪、认知和行为的深度调整，更是对复杂政治生态中人际关系和社会资源的智慧运用。这一策略帮助他不仅在逆境中生存下来，更最终扳倒了严嵩父子，展现了他作为一代名臣的卓越才能和深邃智慧。

第三章

算无遗策，看谋士投谋献计

1 想读懂一个人，要揣摩对方的童年

——吕尚：顺应风俗治齐国

古希腊哲学家亚里士多德曾经说："童年是人生的根基。"因为童年的经历往往决定了一个人长大之后的性格和行为，会对一个人的思维方式产生深远的影响。

吕尚巧妙治理齐国

吕尚，即姜太公，姜姓，吕氏，名尚。吕尚辅佐周武王掀起伐纣战争，最终推翻了商朝的统治，建立了周王朝。后来，周武王为了表彰吕尚的功绩，就把齐这个地方给了吕尚作为他的封地，为了区别战国时期的田齐，吕尚的齐国又叫作姜齐。

吕尚到了齐国之后，发现这里靠海，人民都依靠捕鱼或者晒盐生活。吕尚打击当地的贪官污吏，明确法律法规，顺应当地的风俗人情，开放工商业，尤其鼓励发展渔业和盐业，没过多久，齐国就变成了数一数二的大国。附近其他小国的人民听到吕尚是个开明的诸侯，都纷纷来归附。

后来管叔叛乱，周成王委派召康公来到齐国对吕尚说："东至大海，西至黄河，南至穆陵，北至无棣，如果他们有罪，你都可以征讨。"这很明显是赋予了吕尚代天子征讨诸侯的权力，吕尚也不负使命，没过几个月就平定了周围的叛乱，然后向周成王汇报。

当时代周成王管理国家大事的是周公，他很惊讶："为什么这么快呀？"吕尚笑着说："管理国家大事，应该顺应民心民俗，我简化了君臣的礼节，一切都按照当地的风俗教化去做，所以人民都听我的。"

周公被封到了鲁国，由于他要替天子管理国家，不能到封地去，就派儿子伯禽代他管理鲁国。鲁国和齐国是邻居，和吕尚不同的是，伯禽花费了三年时间才把国家安定下来。周公问他为什么这么慢，伯禽说："我作为新的君王，管理鲁国，要改变当地的风俗，按照新的礼节去管理人民，要做这些事情，三年才能看到成果。"

吕尚听了伯禽的话，摇摇头说："鲁国处理政务繁复，不根据具体情况去办，百姓是不会亲近这样的君王的。以后，鲁国的后代怕是要听命于齐国了。"

童年经历折射人的性格

吕尚和伯禽治理国家的思路之所以完全相反，是因为他们各自的童年经历和年轻时的生活环境有很大不同。

吕尚年轻的时候，生活在民间，他很清楚普通百姓最想要的是什么。他上任之后，秉承着国君要尊重民意、敬爱民众、聚合宗亲、推行仁义的原则去管理国家大事，所以齐国才会在短时间内恢复国力，并成了东方大国。

而伯禽不一样，他的父亲是周公，祖父是周文王。他从小就是周国的贵族，作为上层社会的人，很难体会到下层劳苦民众的真实需要。所以当他到了鲁国之后，会按照自己的想法去治理国家，而忽略了百姓的需要。

由此可见，一个人的童年经历和年轻时候的阅历，对于后期性格和行为模式会有很深的影响。这些影响往往来自童年时期的家庭环境、教育经历、社交经历、创伤经历、自我意识形成以及模仿学习等。

每个人生下来都是一张白纸，性格是什么样的，三观如何形成，这些都是受到环境的制约的。如果一个人的家庭环境充满爱和支持，长大后，他就会形成积极、自信的性格，做事做人也会果断、不拖沓。因为他有强烈的自尊心和自我价值感，容易与人建立亲密关系。相反，假如他的家庭充满了冲突、冷漠，他从小就被忽视，他的内心会没有安全感，甚至焦虑、抑郁。在这种环境下成长的人，行为模式会偏激和固执，表现出攻击性、逃避社交或过度依赖他人等行为。

另外，在学习和社交中，如果一个人经常受到长辈和老师的鼓励赞扬，内心更加自信，会积极去做很多事情，包括学习、锻炼、社交等。他们喜欢探索新事物，结交新朋友，建立新的社会关系，并期望得到表扬和认同。

而假如一个人童年时期总被批评和嫌弃，内心就会胆怯，缺乏学习的热情，产生逃避学习的倾向。严重的会对人丧失信任感，形成孤僻、害羞的行为模式，甚至出现社交障碍。

这样看来，如果生活中遇到拥有某种性格的人，大致可以反过来推测他的童年经历。

读懂一个人，从童年入手

有人用童年温暖一生，有人用一生去治愈童年。通过童年经历，可以洞悉一个人的内心。那么如何去获取一个人的童年经历，进而探索他的内心呢？

倾听是最好的方式。如果一个人和你分享他的童年经历，注意倾听，不要打断，不要提问。仔细观察他讲述时的情感变化、语气和用词，通过情感的变化，就可以了解他所讲述的事实在他内心造成的影响。

观察他的行为模式。一个人的行为和思想都会受到童年经历的影响。比如，一个在童年时期经常受到批评的人可能会表现出过度敏感或自我怀疑的行为。所以观察他在特定情境下的言语、面部表情、情感反应和肢体行为，就可以大致推测出这些反应和模式背后的原因。

每个人都有内心防御机制。尤其是当一些人有过创伤性经历或者痛苦的回忆时，当再次遇到同类情境或者话题时，都会下意识地开启内心的防御机制来保护自己免受外界因素的干扰，包括紧急否定、下意识逃避、转移投射等行为。

童年经历还会影响和塑造价值观。家庭环境、父母教育、生活背景都是塑造三观的重要因素。深入了解一个人在这些方面的经历，能更好地读懂他的品性，了解他的三观。

不过，人都是复杂的，了解一个人的内心是一个长期而敏感的过程。尤其是探索他人的童年经历时，不要过于积极，应该保持尊重、同理心和耐心。因地制宜、因人而异的原则一定不能抛弃。毕竟，每个人的经历都是独特的，不能简单地将童年经历与当前的行为或情感状态画等号。

2 形势终有起伏，有备才能无患

——智果：居安思危，保全家族

《孟子》里说："入则无法家拂士，出则无敌国外患者，国恒亡。然后知生于忧患而死于安乐也。"这主要是说忧思祸患使人成长、使人振作和勤奋，因而得生；安逸享乐使人怠惰，导致人的死亡和国家、事业的衰败。因此想要立于不败之地，就必须有忧患意识。

未雨绸缪，提前改换姓氏

春秋五霸之中，晋国实力最强。在近三百年的春秋历史中，晋国独霸时间长达百年。由于晋国王室内斗激烈，晋国的势力逐渐衰弱，丧失了霸主地位，晋国实权也旁落在了异姓贵族手中。掌控晋国国政的异姓贵族起初有十多家，经过你争我夺的角逐，只剩下六家—— 韩、赵、魏、智、范、中行，史称"晋国六卿"。

春秋末期，范氏和中行氏在内讧中败亡，六卿变为韩、赵、魏、智四卿，其中智氏的势力最强大。智瑶是智氏第七代宗主，当上正卿之后，执掌晋国政务、军事大权多年。春秋末期，越国灭吴国后，越王勾践率军北上，举行诸侯会盟，成为春秋时期的最后一位霸主。

智瑶是个雄心勃勃之人，在他看来，丧失霸主地位是晋国莫大的耻辱，故而一直希望晋国能恢复霸主地位。但他心中清楚，晋国大权旁落，政出私门，若要恢复霸业，首先得增强晋国国君的实力。于是，他对另外三家大夫赵襄子、魏桓子、韩康子说："晋国本是中原霸主，后来被吴、越夺去了霸主地位。为使晋国强大起来，我主张每家都拿出封邑献给国君，我智家先献出一个万户邑。"

三家都不想献出自己的封邑，魏桓子和韩康子惧于智瑶的势力，最终还是答应了，只有赵襄子坚决拒绝献地。智瑶于是向国君请命，与魏桓子、韩康子共同出兵攻打赵襄子，许诺打败赵襄子后，三家瓜分赵家的封邑。

在谋臣张孟谈的建议下，赵襄子率军退守晋阳城。智瑶和韩、魏两家一直没能攻下晋阳城。智瑶巡视战地时，发现晋阳城虽然坚固，但在地势低洼处，于是决定采用水攻。

智瑶派军队驻守汾水堤坝，将汾水导向晋阳城。一夜之间，晋阳城变成了汪洋泽国。

水淹晋阳城让魏桓子和韩康子都产生了强烈的危机感。因为魏桓子的老家安邑城（今山西夏县）有汾水，韩康子的老家平阳城（今山西临汾）有绛水。既然今天可以水淹晋阳，那以后自然也可以水淹安邑城、平阳城。

晋阳城被淹后，赵襄子心急如焚，危急关头派了谋臣张孟谈联络韩、魏两家，晓之以"唇亡齿寒"之理。共同的处境、危险的前途，让魏桓子和韩康子同意了结盟。于是，赵、韩、魏三家团结起来，谋定了"里应外合"的计划。公元前453年，韩康子、魏桓子带兵突袭智瑶的守堤部队，"夜使人杀守堤之吏，而决水灌智伯军"。

智家军慌忙上堤堵口，军中大乱。赵襄子亲率赵家军出晋阳城从正面攻击。智家军大败，智瑶也于乱军中被斩杀。这就是晋阳之战。

晋阳之战中，智瑶没有察觉到韩、魏两家立场的转变，其失败自是必然的。但是，他并非没有察觉的机会。智果是智氏家族的军师，具有很强的洞察力。他看出魏桓子和韩康子对智氏的戒心和防备心，推断二人必反，曾劝告智瑶杀掉二人以绝后患。但智瑶没有采纳他的建议。

智果只好换了一个办法，劝智瑶若不愿杀掉魏桓子和韩康子，就尽力笼络他们。然而，此计也被智瑶拒绝了。智果见劝说不动智瑶，预感晋阳之战必败，为了避免受到牵连，便到晋国太史那儿把自己的姓氏由智氏改为了辅氏，另立宗庙。

智瑶死后，赵、韩、魏三家瓜分了智氏封邑，尽灭智氏之族，唯有智果一脉因改换姓氏避过了灾祸，得以保存。秦国统一六国后，辅氏不忘先祖，又恢复了智姓。

看清形势，规避风险

在智瑶的故事中，风险认知与预防意识的缺乏是导致其最终失败的关键因素之一。智瑶作为智氏宗主，虽然雄心勃勃，但在面对晋国复杂的政治局势时，未能充分预见并评估潜在的风险。特别是当智果提出魏桓子和韩康子可能反水的警告时，智瑶未能给予足够的重视，这反映了他在风险认知上的不足。

从心理学角度看，这涉及"认知偏差"中的"乐观偏差"，即个体倾向于低估负面事件发生的可能性和影响。智瑶可能过于自信于自己的实力和智谋，忽视了外部环境的复杂性和不确定性，从而未能提前布局，采取预防措施。未雨绸缪的精髓在于提前识别并应对潜在威胁，而智瑶的失败则是对这一原则的忽视。

成功需要有思危意识

反观智果，他的洞察力来源于他的"思危"意识，他敢于将事情往最坏的方向想，预见形势变化的可能性。最终他也凭借着对形势的预见，未雨绸缪，提前改换姓氏，使家族避过了灾难。

这个故事告诉我们一个道理：好的形势不会一成不变，为了避免变故来临时的措手不及，我们一定要有底线思维，提前设想最坏的结果，做好应对措施。只有做好了应对措施，才能不惧任何变故；即便遇到了挫折，我们最终也能凭借万全的准备平稳地渡过难关。

生活中，我们要保持怵惕之心，时刻分析自己所处的形势，见微知著，及早做好应对措施。

3 追逐名利，要时刻预防被野心吞噬

——李斯：从无名小卒，到大秦丞相

唐代的杜牧在《不寐》中提到："莫言名与利，名利是身仇。"不要贪图名利，名利会成为人的仇敌，让人坠入不复之地。

自古以来，名利都是把双刃剑，把握不好可能利令智昏。过分看重和依赖名利，往往会为其所累，以致身疲力竭，得不偿失。

大秦第一丞相

李斯，字通古，楚国上蔡（今河南上蔡县）人。

年轻时候的李斯很不起眼，做着掌管文书档案的小官。当时秦国加紧灭六国的步伐，各国征伐频发，每个人都为了争夺名利地位而争相奔走。在这种环境下，李斯当然也想建功立业，飞黄腾达。于是，李斯辞去官职，找到荀卿并拜为老师，向他学习以法治国之术，随后来到了秦国。

李斯凭借自己的才学得到了吕不韦的赏识，吕不韦将其推荐给秦王。李斯提出"先灭韩，以恐他国"，并通过离间计，破坏六国联盟，然后逐步消灭。秦王觉得李斯的计策非常好，立即提拔他为长史。随后，秦王按照李斯的策略，派人带着金银珠宝去游说各国大臣，收买人心，果不其然，六国大臣和国君不再齐心协力。

然而此时，发生了一件令人意想不到的事。

韩国担心被秦国灭掉，于是让郑国使臣到秦国说服秦王修建水渠，目的是借此削弱秦国的国力。郑国的目的很快被人揭发，一时间人心惶惶。有大臣对秦王说："来自六国的人大多是间谍，他们是为了自己国家的利益来秦国搞破坏的。"

秦王一听，立即下了逐客令，要求秦国所有的外国宾客全部离开，李斯作为楚国人，当然也包括在其中。李斯不想因此放弃自己的权力和地位，于是破天荒地上了一封奏疏，这就是著名的《谏逐客书》。在这篇文章中，李斯援引典故，说秦穆公之所以称霸西戎，是因为有楚国百里奚、宋国蹇叔、晋国丕豹等人的辅佐；秦孝公之所以能让秦国富强，打败楚国和魏国，是因为任用卫国的商鞅；而秦惠王采用张仪的计谋，拆散了六国合纵联盟；秦昭王任用范雎，远交近攻，削弱了六国实力。秦国历史上所有成立霸业的国君，都是在外国客卿的辅佐下实现的。如今，秦王要逐客，只会让秦国国力下降。

秦王看到李斯的《谏逐客书》，觉得李斯说得很有道理，采纳了他的建议，取消了逐客令，并任用李斯为廷尉。从此之后，大小事宜，秦王都非常倚仗李斯。在他的辅佐下，秦王吞并六国，建立了大秦帝国。

随后，秦始皇修长城、建直道，统一文字和度量衡，这里面都少不了李斯的贡献。他从一个无名小卒，成了大秦帝国一人之下万人之上的人。

然而权力和地位是双刃剑，随着李斯的权力不断变大，野心也大了起来。秦始皇巡游途经沙丘时暴毙身亡，李斯作为丞相没有第一时间揭露赵高的阴谋，反而因为担心扶苏即位之后，蒙恬的地位高过自己，而加入了赵高和胡亥的团伙，不仅隐瞒了秦王的死讯，还假传诏书迫害扶苏和蒙恬等人，将胡亥推上了皇帝之位。

此后，李斯扶摇直上，在利益的熏陶下，他也逐渐迷失自我，迫害大臣，成了赵高和胡亥的走狗，最终以"谋反"之名被关进大牢，随后被杀。

一代名相最终落得如此下场，可怜，可叹。

自我实现的信念

司马迁在《史记》中说："天下熙熙，皆为利来；天下攘攘，皆为利往。"这句话的意思是世界上所有的人生来都是在追逐利益的道路上，所以追名逐利从某种意义上说并不是坏事。

从心理学上讲，追名逐利其实是一个人自我实现的过程。一旦人们对某个结果或者事物产生强烈地想要得到的信念，就会立即采取行动，全力实现想要的结果或者得到想要的东西。

也就是说，自我实现是个体基于自己的信念和期望，通过心理暗示或他人暗示的方式，让自己的行为和结果符合某些期望或预言。这也是人一旦有了信念，就会迸发出无限潜力的原因。这种自我实现在某种程度上是有意识或无意识的，对个体的行为和结果能产生深远的影响。

然而，在自我实现的过程中，并不是所有人都能保持理智。假如一个人过度追求理想，就会产生强烈的欲望和执念，从而在方式和方法上变得偏激，不择手段，这样反而会导致恶性的结果。

李斯在辅佐秦始皇团灭六国，建立不世之功之后，内心对于权力和地位的欲望显然是膨胀了。实际上，他已经实现了作为人臣的最高目标，然而欲望的膨胀让他有了非分之想。为了巩固和进一步提升自己的地位，他才和赵高合谋，间接葬送了大秦帝国。

贪婪是自我实现过程中的"拦路虎"

自我实现，或者说得简单一些，无论是追名逐利，还是追求更高远的目标，在这个过程中，个体的行为都不应该被贪婪左右。当一个人过分追求"自我实现的信念"时，就会变得贪婪无度。

贪婪是人性的枷锁，对物质或精神过度追求，没有审视自己的需要和欲望是否合理，会引发内心的焦虑感，以及对某种东西的迫切需求感。在这种心理作用下，个体只能通过不断追求和索取的方式来减轻焦虑感。

其实，在自我实现的过程中，如果个体对自身情况的认知比较模糊，没有正确认识自身的能力，就很可能产生贪婪的心理。这就导致个体对自己未来的成就产生过高的期望。为了实现不可能实现的目标，就容易不择手段，而忽略了自身的真实需求。

自我防御导致认知的扭曲

心理防御机制是个体在面对外界不利因素时而产生的对于内心和意识的一种保护行为。

在追名逐利的过程中，心理防御机制会导致人们对现实的认识扭曲，这也是个体对于自身需求和目标产生认知偏差，从而导致被野心吞噬的重要原因。

当人们面临挫折或负面事件时，会不由自主地启动心理防御机制来减轻焦虑和痛苦。其实这类似于逃避现实，不敢直面困难，从而无法正确地了解自身能力，无法理性认识自己。

此外，为了保护内心世界免受外部的影响，心理防御机制还会把责任归咎于外部客观因素或者其他人，从而忽略自身的错误，无法看到问题的根本所在，这样反而没有办法达到自我实现。这样就形成了一种恶性循环，久而久之，自我实现就会转化成贪婪无度，为了实现目标而不择手段。

在追逐名利、地位或者理想的过程中，自我实现是没有错的。有些人之所以会像李斯那样被欲望吞噬，根本原因还在于对自身能力的把握和认知不够准确。

正确认识自己，明确自身需求，让自我实现进入良性循环，才是实现理想的正确途径。

4 贪图小利的人，不能给予重任

——张良：威逼利诱，突破峣关

明代庄元臣在《叔苴子内篇》中说："大害必有小利为之媒，大利必有小害为之倪。"意思是，但凡大的祸害一定会有微小的好处作为媒介，大的好处一定会有微小的祸害作为先导。

张良计破峣关

秦二世三年（前207年），刘邦通过收买赵高，轻而易举突破武关，进驻峣关，只要突破了峣关，秦国的咸阳城就在眼前了。

然而，秦王子婴看破了赵高企图和刘邦里应外合的阴谋，第一时间诛杀赵高，随后调兵遣将据守峣关，企图阻挡刘邦前进的步伐。可是，秦国大势已去，中华大地义军遍地，而刘邦进驻关中的决心怎么可能被子婴拦住呢？

刘邦审时度势，认为守卫峣关的士兵根本不足为虑，打算用两万兵马与秦军正面决战。然而刘邦的智囊张良却站出来反对说："沛公，秦军现在还很强大，况且他们抱着必死的决心守卫都城，一定会负隅顽抗，反而对我们不利，千万不要轻敌呀！当年项梁轻敌，不是被章邯给灭了吗？这是前车之鉴呀！"

　　刘邦一听，觉得张良说的有道理，于是连忙请教："子房呀，那你有什么高见吗？"

　　于是，张良为刘邦提供了三步走策略。第一步，派郦食其等说客带着金银珠宝去贿赂峣关的守将，据说峣关守将是个屠夫，这种人最容易被小利打动。果不其然，郦食其秘密见到峣关守将之后，用三寸不烂之舌把他说得云里雾里，加上守将见钱眼开，很快就被收买，答应帮助汉军突破峣关。

　　第一步是利诱，第二步是威逼。张良的第二步计策就是设置疑兵。张良建议刘邦先派一个小队，到附近山上插满汉军旗帜，营造烟幕弹，让敌人认为汉军兵强马壮，从心理上对他们造成威压之势。

　　第三步就是发动突然袭击。虽然前两步已经让峣关守将放松了警惕，但不能保证所有的士兵都会听从峣关守将的命令投降，万一有人忠于秦国，关键时刻反水，会对汉军造成灾难。所以突然袭击，能打乱秦军的部署，在关键时刻取得胜利。

　　随后，刘邦按照张良的部署，发动了袭击。而已经和郦食其谈好投降条件的峣关守将，没想到刘邦会突然袭击，被打了个措手不及，峣关很快陷落。刘邦乘胜追击，杀到蓝田，与慌乱阻击的秦军一场恶战，消耗了秦军大部分有生力量。

最终秦王子婴没有了还手之力，刘邦进驻关中，子婴带着玉玺投降。秦国灭亡。

贪图小利，侥幸心理

纵观张良计破峣关的过程，关键之一在于用蝇头小利收买了峣关守将。峣关守将怎么也不会想到，自己只是贪了点小便宜，就成了压垮大秦帝国的最后一根稻草。

贪小便宜，背后其实折射出人性中的弱点，那就是人容易被利益驱动，并抱着侥幸心理，试图蒙混过关。

这种心理状态源于个体的需求得不到最大满足，而产生了对资源、地位、权力的焦虑感。当这种焦虑无法消除时，只能通过占小便宜来缓解。就像峣关守将那样，他很清楚秦国已经完了，像赵高、李斯那样位高权重的人在后方享乐，自己在前方杀敌，到头来命没了，什么都没得到，岂不是亏本？于是在这种心理作用下，贪小利就变得自然而然了。

另外，贪小便宜的人都有侥幸心理，认为占小便宜能带来更多利益，且不会被别人发现，从而免受惩罚。久而久之，这些人的道德和伦理标准就会下降，为了追求个人利益甚至出卖国家利益。

追名逐利不可怕，可怕的是对自身的行为和内心需求不了解。哪些是小便宜？哪些是大目标？哪个更重要？哪个利益更长远，这是需要每个人擦亮眼睛来分辨的。这样才能建立健康的人生价值观和生活方式。

缺乏主见的人不可重用

郦食其是刘邦手下非常有名的说客，虽然比不上苏秦和张仪，但也是可凭借口舌不战而屈人之兵的人才。郦食其能说服峣关守将，除了他自身的才学起了作用之外，关键还在于峣关守将是个缺乏主见的人，所以才容易被小利影响而被收买。

缺乏主见，在心理学上表现为自我怀疑、从众心理、依赖心理、恐惧心理、缺乏动机、缺乏自我控制、缺乏独立思考等。

凡是缺乏主见的人，对自己的能力和判断力都缺乏信心，他们经常怀疑自己的观点和决定是否正确，从而容易被他人的想法所影响，导致他们在面对选择时犹豫不决，无法做出果断的决策。因此，他们会产生严重的从众行为，当受到外界因素的干扰时，缺乏主见的人在知觉、判断、认识上会表现出趋于附和公众舆论或多数人的言论和行为的模式。这种模式的产生，一方面是担心自身利益受到损害，另一方面是担心被群体孤立，从而丧失在某些利益瓜分上的选择权。

产生了从众行为，就有了依赖心理。无论是决策还是思考，都更倾向于依赖他人的意见和决策，而无法准确做出自己的判断。时间长了，缺乏主见的人反而会因为害怕失败、犯错或被批评而不敢坚持自己的想法，更喜欢随大流，这样就可以避免承担责任和风险，逐渐丧失了主动思考的能力。

慢慢地，这些人就会进入恶性循环之中，越是不主动思考，越是随大流，就越容易被小利打动，从而做出不符合道德和法律的事情。最终，他们会缺乏自我控制能力，越发无法抵制诱惑，无论是思维还是行为都被其他人操控，从而丧失自我价值。

张良正是基于对当时秦国大势已去的思考，并结合对峣关守将内心的剖析，巧妙地用蝇头小利换得了战争的主动权。

5

有实力的人，常常伪装成弱者

——司马懿：兔死狗烹，识破空城计

《老子》有言："大直若屈，大巧若拙，大辩若讷。"意思是，最刚直的东西好似弯曲的，最灵巧的却仿佛最笨拙，最雄辩的人好似不善言辞。由此可见，真正厉害的人都是低调的，有真才实学的人从不显露自己。

空城计

蜀汉建兴六年（228年），马谡守卫街亭兵败，导致魏国司马懿率领15万大军，向着诸葛亮所在的西城袭来。一时间，城里所有人都慌了神。

此时，西城外无救援，内无守军，只有一批文官和老弱病残的百姓，无论是主动出击还是守城，都很难应付司马懿的大军。面对危机，诸葛亮决定采用心理战，他和司马懿交手多年，对彼此都非常了解，所以诸葛亮决定赌一把，他气定神闲，对身边的文臣说："大家别慌，只要按照我说的去做，保准化险为夷。"

随后，诸葛亮传令守城士兵把城墙上所有的旌旗都拔掉，守城器械也全部撤下去，只留下士兵站在城墙上。接着，又命令守门士兵把西城四个大门全部打开，城门口派十几个士兵打扮成百姓的样子，在城门口扫地。

最后，诸葛亮披上鹤氅，戴上高高的纶巾，领着两个书童，搬着一把古琴，来到了城门楼上，坐在围栏前边，慢悠悠地弹了起来。诸葛亮之所以这么淡定，是因为他觉得以司马懿多疑的个性，绝对不会攻城。为了加重司马懿的疑心，他甚至在魏军前进的路上，完全没有设置伏军。

不多时，司马懿带领魏军来到城门前，看到这种阵势，立即命人骑上战马绕着城门跑了一圈，士兵回来汇报说："四个城门都打开了，只有老百姓在门前打扫。"

见到这种情况，司马懿的二儿子司马昭大喜过望，对司马懿说："父亲，我带一队人马冲进城去！"

司马懿认真观察，他一眼就看穿了诸葛亮的计谋，但也没有轻举妄动，而是拦住司马昭，下令全军撤退。司马昭不懂，追问道："您为什么要退兵呢？我看诸葛亮是故弄玄虚，城里已经没有士兵了。"

司马昭哪里明白，打仗打的不光是城池，还有人心。此时的魏国，曹操已经去世多年了，司马懿的地位早就一落千丈，且他一直受到其他势力的打压，甚至还被罢过官。如果不是这次诸葛亮挥师北伐，魏国需要仰仗司马懿这个老将军，或许司马懿就再无用武之地。

出于这种考虑，司马懿也不会轻易打败诸葛亮，如果这时司马懿攻进城池，诛杀诸葛亮，那么接下来回到魏国等待他的绝对不是荣华富贵，而是铁链枷锁。

这就是"狡兔死，走狗烹"的道理。

所以对于此时羽翼未丰的司马懿家族来说，撤退是最好的选择，留着诸葛亮，就等于保存了自己的家族地位和权势。

空城计是一场高手间的对决。诸葛亮和司马懿，这两位都是顶尖高手，他们的心机在这场对决中展现得淋漓尽致。判断这两人谁更胜一筹并非易事，因为他们都展现出了高超的智谋和策略。

诸葛亮通过空城计成功地吓退了司马懿的大军，显示了他对人心和战术的深刻理解。他利用司马懿对他的了解和多疑的性格，制造出一种城内有埋伏的假象，从而达到了不战而屈人之兵的效果。

而司马懿未选择攻城，而是带军撤退。表面上看，做出了错误的判断，但实际上是一种策略上的考量。他选择撤退，是一种故意示弱的行为，是为了保持自己的实力和地位。

"扮猪吃老虎"是自我保护

北宋文学家苏轼在《贺欧阳少师致仕启》中说："大勇若怯，大智若愚。"其实"示弱"也是生活中的一种哲学思维方式。

我们总说"扮猪吃老虎"，这种行为模式源于人的自我保护机制。无论做什么事情，面对有威胁的对手时，通过伪装，表现出弱小的一面，不仅可以降低对方的警惕性，为自己赢得更多机会寻找突破点，而且还能保存自己的实力，寻求一鸣惊人的机会。

司马懿之所以没有立即攻打，也是出于这个考虑。虽然自己手握魏国兵马，但在魏王面前，在魏国诸多大势力、大家族面前，司马懿的力量还是很单薄的。为了保住自己的地位，必须示弱，让魏国高层知道自己没有威胁。既能和诸葛亮抗衡，又不会强大到威胁魏王的统治。

基本归因偏差现象

司马懿的行为，在心理学上类似基本归因偏差现象，即人们在对他人的行为归因时，会倾向于高估内在因素（如能力、努力程度、智力等）的影响，而低估外部情景因素的重要性。

一个真正的强者，往往善于利用这种基本归因现象，把自己伪装成弱者，让其他人尤其是自己的对手认为自己能力不济，从而忽视自己，降低威胁性。与此同时，强者内心深处坚信：自己应该通过获取更多的外部力量和优势来壮大自己。从这个角度来说，当一个强者假装弱小时，那些曾经畏惧他的人会放松警惕，降低对他的警觉性和防御性。这时强者就可以抓住机会，将对手一举击败。

司马懿一直有谋权篡位的野心，但终其一生都没有下手。司马懿死后，他的儿子司马昭加紧了篡位计划，后来司马昭的儿子司马炎攫取了魏国皇权，建立了晋国。不难看出，司马一族的人，个个都深得伪装的精髓。

逆境背后的"激发"能力

强者示弱除了能够"攻心"，对于强者自身也有非常强的心理暗示作用。在心理学上，有一种"逆境激发"的说法。

当一个人处在不利于自身发展的局面时，他可能会受到刺激，从而爆发出很强的潜能，"强迫"自己去克服困难，更加努力地追求自己的目标或提高自己的能力。

也就是说，强者示弱，不单纯是为了麻痹对手，让对手放松警惕，为自己翻身创造机会；其实更重要的是强者想提升自身修为，让自己的能力更上一层楼。毕竟，想要齐家、治国、平天下，修身非常关键。自己的修为和能力达不到，哪怕坐到高位上也会摔下来。

因此，实力强悍的人往往都更加谦逊有礼；而只有胸无点墨、外强中干的人，才会通过凶悍的外表来掩饰虚弱的内心。

6 聪明人顺人性做事，逆人性做人

——刘伯温：顺物性人性而治

北宋文学家苏洵在《审势》中说："天下之势有强弱，圣人审其势而应之以权。"意思是天下形势有强弱变化，圣人观察形势而采用权变对策，无论做什么事情都可以马到成功。

道之为道，因其为始；名所以名，顺势所趋。古往今来，顺应形势而做事，无不事半功倍。

明朝第一谋士刘伯温

刘基，字伯温，是明太祖朱元璋建立明朝的关键人物，历史上把刘伯温称为"诸葛亮在世"，也因此留下了刘伯温的很多传奇故事。

虽然有很多都是后人编造的，但在朱元璋建立明朝的关键战役中，刘伯温凭借其对局势的掌控，对人性的把握，几次紧要关头都帮朱元璋力挽狂澜。

元至正二十年（1360年），陈友谅杀掉了徐寿辉，彻底掌控了徐寿辉的大军，并称汉王。他很快就攻下太平，准备进攻朱元璋的"老巢"应天府。与此同时，陈友谅还暗中勾结了张士诚，准备给朱元璋来一个两面夹击。

陈友谅拥有十倍于朱元璋的水军，舳舻千里，旌旗蔽空，气势空前。

消息传来，应天府顿时乱作一团。以当时朱元璋的势力，实在没办法和陈友谅抗衡，更何况还有张士诚。于是，朱元璋紧急召集将领和谋士，大多数人认为应该投降或者弃城，此时刘伯温一言不发。

朱元璋知道他有好主意，于是单独把他召入屋内问："猛虎已经出来了，现在应该怎么办呢？"

刘伯温笑了笑说："陈友谅如果是猛虎，在山里您怎么可能和他争斗呢？但现在猛虎已经下山，应该趁机猛打一顿。"

随后刘伯温详细分析了眼下的局势，他认为陈友谅刚夺得大权，气焰嚣张，免不了犯轻敌的毛病。"所谓骄兵必败，陈友谅一定认为我们非降即逃，所以他不会准备后援。我们不如顺势而为，先放弃几个不重要的地方，假装逃跑，诱敌深入，在中途设下埋伏，打他个措手不及。后发制人者胜，取威制敌，以成王业，在此一举。"

朱元璋一听，大喜过望，于是采纳了刘伯温的建议，立刻部署兵力，并且让陈友谅朋友康茂才假装叛逃，作为内应，将陈友谅的军队引到埋伏处。陈友谅不知道中计，在龙湾登岸。当时，冯国胜、常遇春在应天北的石灰山埋伏，徐达驻军南门外，杨璟驻兵大胜港，张德胜、朱虎率军守龙江关。

陈友谅一出现，朱元璋的军队从四面八方包围而来，陈友谅大感意外，仓皇应战之后，奔回江边战船上，结果水浅船搁浅了，士兵被杀被俘的超过两万多。而陈友谅趁机坐上小船逃掉了。

之后不久，陈友谅卷土重来和朱元璋在鄱阳湖展开大战，朱元璋又听从了刘伯温的计策，在湖口截断了陈友谅军队的后路，最后陈友谅军队全军覆没，他自己也中箭而死。鄱阳湖大战是朱元璋平定天下的关键一战，此后再也没有人能阻挡他的步伐。

把握人性，顺势而为

在数次危机中，刘伯温之所以料事如神，每次都能帮朱元璋化险为夷，究其原因在于他懂得顺势而为。

顺势而为本质上是顺应内在需求和外在环境，从而实现个人和环境的和谐共处。要做到顺势而为，就要对人性和心理有着深入理解，顺应大多数人的心理和行为习惯，考虑他人的行为、思考方式。

顺势而为意味着接受现实，活在当下，不要过度纠结过去的事情或对未来担忧，而是将注意力集中在当前的需求和情况上。回过头来看刘伯温，他并没有考虑战败之后如何逃跑，也没纠结过去为什么没有好好准备，而是把目光始终集中在眼下的形势上。这样才能更好地寻找破敌之策。

当期望与现实不一致时，顺势而为就体现为要妥善处理期望和现实的差距。否则，就很容易出现失望、沮丧或愤怒的情绪，进而被情绪左右，影响对形势的判断和对人性的把握。顺势而为，讲究正视差距，调整自己的期望或改变自己的行为和态度，适应环境的变化，从中寻找成长和改变的机会。这样，才能实现自我控制和自我调节，更好地把握外部的挑战，解决问题。

逆人性做人，收获意外之喜

当面对陈友谅大军压境的危机时，大多数将领都选择弃城逃跑。这是正常人的反应，也是人性的客观体现。然而刘伯温不是，他偏偏要违背人性，做出惊人之举——应战。

所谓逆人性做人，就是与人交往或自我成长时，要反其道而行之，挑战自己的舒适区。每个人都有惰性、自私、逃避等本能反应，普通人顺应人性，而伟大的人时时刻刻都在挑战人性，从而克服本能的枷锁，做出惊天动地的大事。

因为他们明白，积极面对要比逃避更能解决眼下的困境，无论面对诱惑还是危局，逆人性做法是坚定信念而不是放纵自己，关键时刻超越自己的本能，做出更理智、更成熟的选择。这样，既能理解他人的需求，又能成为更好的自己。

克服本能不是简单的事儿，逆人性做人需要自我觉察和自我控制能力。人性是人类与生俱来的本质和特性，包括思想、情感、价值观、道德标准等。人性中也存在负面特征，如自私、贪婪、懒惰等。逆人性做人，就是指通过自我控制和调节，克服这些负面心理，实现自我超越和成长。

就像刘伯温一样，难道面对大军压境，他不害怕吗？他当然也害怕。他和别人不同的是，他能冷静分析局势，通过对局势的把控，克服内心的恐惧，通过自我调节和控制，消除行为、情绪和思维上的桎梏，克服自身的冲动和短视行为，去除人性中的弱点，坚定信念和原则，保持清醒的头脑和自控力，从而达到更高的自我实现和发展。

刘伯温身上体现出来的自我超越能力，打破了自身的局限和障碍，突破了自己的舒适区，成了他运筹帷幄、决胜千里的秘诀。

第四章

峰回路转，看奇人逆风翻盘

1

杜绝以权谋私，知足才能常乐

——公仪休：明利害，知本末，懂得失

古人云："廉如清风常拂面，贪似毒药蚀灵魂。"这是说，做人一定要懂得知足常乐，不要总是追求那些不属于自己的东西。珍惜眼前的一切，时刻保持警惕，不要让自己被贪欲迷惑。只有这样，才能占据主动，立于不败之地。

公仪休拒鱼

公仪休是春秋时期鲁国人，自幼勤谦，博学多才，早年间曾做过鲁国的博士，后来因为学识广博受到鲁君的赏识，成为鲁国的相国。

公仪休这个人，平生没什么爱好，就是有些口腹之欲，喜欢美食，用现在的话说，就是正宗的"吃货""老饕"。

他喜欢的吃食不少，最喜欢的就是鱼，一日三餐，顿顿少不

了鱼。

本来，这也没什么，但公仪休是谁啊？鲁国相国啊！别的不说，在鲁国这一亩三分地上，那是名副其实的位高权重。想要巴结他、讨好他的人不知道有多少。

知道公仪休爱吃鱼后，大家都投其所好，排着队来给公仪休送鱼。但是，素来爱鱼如命的公仪休却一条鱼也没收过。

公仪休的弟子很纳闷，就问他："您不是喜欢鱼吗？有人上门给您送鱼，您为什么不收呢？"

公仪休笑了笑，解释说："正因为我喜欢鱼，所以不能收。如果收了，就再也吃不到鱼了。"

不收鱼，才能吃到鱼；收了鱼，反而吃不到。这是什么道理？弟子被这话彻底搞蒙了。

见弟子疑惑，公仪休继续解释说："我如果收了鱼，就得看人脸色、给人办事。这样，时间一长，难免会徇私枉法；徇私枉法了，我相国的位置就保不住；没了相位，谁还会给我送鱼？没人给我送，我自己不会捕鱼又没钱买鱼，就吃不到鱼了。相反，如果我不收别人的鱼，就不用看人脸色，不用徇私枉法，能够一直坐稳相国的位置。我是相国，有自己的俸禄，即便没人给我送鱼，我也能自己花钱买鱼，这样，就能一直吃到鱼了。"

听了公仪休的话，弟子这才恍然大悟。

转变心态，知足常乐

在公仪休的故事中，"知足常乐"不仅是一种生活态度，更是一种深层的心理机制和生活哲学。公仪休的知足源于他内心的稳定与满足感，他深知，物质的堆砌并不能带来真正的幸福，反而可能引发无尽的欲望和不满。因此，他选择将注意力集中在已有的美好事物上，如简单而美味的食物，从而感受到生活的乐趣和满足。这种心理机制有助于他抵御外界的诱惑，保持内心的平静。

公仪休的知足常乐也体现了他对生活的深刻理解和感恩之心。他意识到，生活中的每一个瞬间都值得我们珍惜和感激。无论是家人的陪伴、朋友的关怀，还是一顿简单的饭菜，都是生活中不可或缺的美好。于是他以一种积极的心态去面对生活，珍惜眼前的每一刻，从而获得了深层的幸福感。

公仪休的知足常乐还启示我们，真正的幸福源自内心的富足与满足。这种富足不是通过物质的积累来实现的，而是通过心灵的修炼和精神的提升米达到的。只有当我们学会放下对外在物质的执着追求，转而关注内心的需求时，才能真正体验到生活的美好。

坚守道德高地

公仪休拒收鱼的故事，是他对道德高地坚守的生动体现。从心理学的角度来看，这种坚守源于他深厚的道德认同感和强烈的道德责任感。他深知作为鲁国的相国，自己的言行举止都代表着国家的形象和利益。他时刻提醒自己要保持清醒的头脑和高尚的道德情操，以维护国家的尊严。

公仪休明白，以权谋私不仅是对个人原则的背叛，更是对社会公正的破坏。因此他选择坚守道德底线，拒绝一切形式的腐败和贿赂。这种坚守不仅是对自己负责，更是对国家和百姓负责。

他能够在利益的诱惑面前保持理智，不为所动。这种力量源自他对自我价值的坚定信念以及对道德理想的执着追求。他用自己的行动证明了，只有坚守道德高地的人才能赢得尊重，也才能在历史的长河中留下光辉的足迹。

克制欲望，自律自强

公仪休对美食的克制是他自律修行的典范。从心理学的角度来看，这种克制源于他深刻的自我认知和强大的自我控制能力。他能够清晰地认识到自己的欲望和冲动，并意识到这些欲望可能对自己造成的负面影响，通过克制来避免这些负面影响的发生。

只有真正掌握了自己欲望的人，才能掌握自己的命运。通过自律修行，能提升自己的内在能力，以更好地实现自己的价值和目标。

公仪休的克制也让人深刻领悟到了成功的真谛。真正的成功不仅仅在于外在的成就和地位的提升，更在于内心的成长和强大。只有学会克制自己的欲望，才能保持清醒的头脑、坚定的意志去追求真正的幸福。

人都有欲望、有喜好，这无可厚非。但这却不能成为我们逾越底线的理由。而且仅仅是为了一己私欲，就无所忌惮，以奸主势，以权谋私，最后错失大势，让自己陷入难堪、尴尬甚至身败名裂的境地，怎么看都是本末倒置，得不偿失。

所以，无论何时，无论身处什么样的境地，我们都该记住：不能因小利而忘大势，要克制自身的私欲，堂堂正正地做人，清清白白地做事，方方正正地主势，如此，才能不产生罪过，始终站在对自己最有利的位置。

2 换个思路，借力打力，事半功倍

——王允：美人计除董卓

《周易》有言："穷则变，变则通。"意思是说，任何事情到了极限的时候，都会有所变动，变动之后事情就通达了。而在实际生活中，善于改变思路，更换思维模式，就能轻松达到意想不到的效果。

司徒王允计除董卓

王允是东汉名臣，出身于山西的名门望族王氏家族。王氏家族世代担任州郡官员，在当地很有影响力。王允年轻时就有报效国家的志向，于是经常诵读经典，早晚还要练习骑射，是一个德智体美劳全面发展的人。

东汉中平六年（189年），汉灵帝驾崩，本来控制朝政的太监们失去了靠山，外戚兼大将军何进想要联合太后杀掉宦官夺权，这时正巧王允来洛阳吊唁汉灵帝，就被何进请了过去商量对策。没想到后来何进进宫准备杀宦官时，反被他们杀掉。随后太监带着少帝刘辩和陈留王刘协翻墙逃出皇宫。

而在此之前，朝廷为了平定太监们，征召董卓带兵擒王。董卓赶到洛阳，在北邙山遇到了刘辩和刘协。刘辩哪里经历过这种事儿，吓得大哭大叫。董卓向他请安，问发生了什么，他语无伦次说不清楚。反倒是旁边的刘协对答如流，把事情经过说了一遍。随后董卓带着他们回到了皇宫。紧接着，董卓以"诸位公卿身为国家大臣不能匡正王室，致使国家动荡，天子流落在外"为名，拒绝退兵，进而把持了朝政。不久之后，董卓废掉了刘辩，拥立刘协为新的皇帝，改元初平。

此时王允升任司徒兼尚书令。新皇登基，然而刘协也只是董卓推到前面的傀儡，朝廷内部外戚和宦官仍然在争权夺利，而外部黄巾起义愈演愈烈，各地军阀纷纷割据。最让人痛心的莫过于董卓"挟天子以令诸侯"。自从进驻洛阳之后，董卓杀掉了太后，迅速培植了自己的势力，手中的兵权越来越大。

王允敏锐地注意到了董卓对朝廷的威胁，开始琢磨办法除掉董卓。可是王允只是一介文官，要军队没军队，要势力没势力，怎么和董卓拼呢？面对董卓的拉拢，王允没有拒绝，爽快答应，并且还邀请其他朋友加入董卓阵营。董卓越发信任王允，大小事情都交给他处理。而王允借此时机，慢慢主持了一些恢复王室的具体事情，当时上到天子，下到朝臣都依仗王允。有了这一层身份，王允暗中组织了一批人对付董卓，比如拉拢司隶校尉黄琬、尚书郑泰，向皇帝推荐、保举护羌校尉杨瓒为左将军，举荐执金吾士孙瑞担任南阳太守。

董卓拥兵自重，而且自身武艺也十分高强，所以想除掉董卓不能和他硬碰硬，王允决定换个思路，尝试借力打力。早前，王允有个义女名叫貂蝉，天姿国色，但也不是中看不中用的"花瓶"。她得知王允正在想方法除掉董卓，于是配合王允，跟随其面见董卓。

董卓麾下有一义子吕布，其人武艺超群，在三国乱世中威名远播。董卓看重吕布的勇猛，让他当自己的贴身侍卫，并给他荣华富贵；吕布对这个义父充满感激，唯命是从。然而，随着司徒王允巧妙布局，将绝色佳人貂蝉引入董卓府邸，平静的局面被悄然打破。董卓沉迷于貂蝉的美色，日夕宴饮，荒废了政务。

与此同时，吕布也被貂蝉不经意间流露的温婉与才情深深吸引，心中的情感也悄然滋生了。趁着董卓外出，吕布与貂蝉私下相会。貂蝉知道自身的使命，以柔情蜜意捕获了吕布的真心，却也将这段关系推向了危险的边缘。

纸终究包不住火，两人的恋情还是被董卓察觉了，董卓对吕布痛下杀手，幸亏吕布有一身武艺，才得以保全性命。这件事，无疑让董卓与吕布的感情产生了一道裂缝。

在这种情况下，王允适时出现，以天下大义、个人荣辱为切入点，向吕布提出了诛除董卓、重振朝纲的计策。吕布内心挣扎不已，一方面念着董卓的养育之恩与自身地位的来之不易，另一方面则是对貂蝉的深情与对正义的追求。在理智与情感的激烈交锋中，王允的言辞如同利刃，逐渐割断了吕布心中的犹疑。

最终，吕布决定加入王允的行列，共同谋划诛董大计。这一决定，不仅改变了吕布个人的命运轨迹，也悄然改写了三国的历史篇章。

就在不久前，汉献帝生了一场大病，这段时间刚刚康复，百官在皇宫集合，恭祝天子身体安康。董卓当然也要来祝贺，王允觉得机会很难得，一来董卓上朝不会在身边带很多侍卫，是他防守最薄弱的时候，二来董卓自恃朝廷里没人敢对他怎么样，会放松警惕。于是，王允安排吕布的侍卫潜伏在宫殿两侧，当董卓带着吕布大摇大摆进来时，吕布一声令下，侍卫们突然袭击，董卓大喊吕布救他，却没想到吕布直接将他击杀。

王允因为铲除了董卓这个朝廷祸患，"录尚书事，总朝政"，成了朝廷的"一把手"。

借力打力，四两拨千斤

从《三国演义》的这段故事不难看出，王允当时的实力和董卓比起来，根本就是以卵击石。然而，王允这个"卵"却成功击碎了董卓这个"石"，这是为什么呢？

王允很聪明，他自知不是董卓的对手，于是剑走偏锋，所谓"变则通"，既然硬碰硬不行，那就换个思路，换个方法，以小博大。

他首先认清了局势，没有盲目行动，而是周密计划，精心布局。他利用董卓对貂蝉美色的垂涎，以及吕布对貂蝉的深情，在董卓、吕布二人之间制造出不可调和的矛盾。最终，二人反目成仇，王允顺利借助吕布之力除掉了董卓。

王允的成功，不仅仅是因为他的计谋高明，更在于他能够灵活变通，善于利用周围一切资源。他没有被自己的文官身份所限，也没有被董卓的强势所吓倒，而是选择了一条最适合自己的道路。他用自己的智慧和勇气，书写了一段以弱胜强的传奇。

在面对强大的对手时，我们不应该盲目行动或轻易放弃，应该像王允一样，保持冷静、理智，寻找对手的破绽，并巧妙地利用所有可用资源来对抗敌人。只有这样，我们才能在逆境中寻找到转机，进而实现自己的目标。

3 釜底抽薪，以奇谋取胜

——曹操：火烧粮草，智取官渡

《孙子兵法》中说："凡战者，以正合，以奇胜。故善出奇者，无穷如天地，不竭如江河。"这是在讲攻战时必须以正兵当敌，以奇兵制胜。善于用兵的人自能层出不穷地使用计策；因奇生正，因正生奇，让敌人不可捉摸，像一个环那样让人寻找不到头尾。

官渡之战

无论是在正史中，还是在《三国演义》等小说故事中，官渡之战都是旷古烁今、以少胜多的典型战例。

随着曹操势力的逐渐增大，和袁绍的矛盾也日益突出，双方终于在官渡这个地方展开了大战。大战前夕，曹操听说袁绍行兵官渡，立即带着七万人马前去御敌，让荀彧留守许都大后方。而袁绍这边急于解决曹操，就连沮授、田丰等人的劝说也不听，还把沮授关进大牢，就这样，急性子的袁绍带着七十万大军，在官渡安营扎寨。

曹军带着士兵来到官渡对岸，看到袁绍那边的军队实力，一时间全都害怕起来，曹操心里也没底，召集手底下的谋士商量对策。荀攸分析说："袁绍虽然人多，也不足惧。我军兵马精良，但粮食不够，利在急战。"曹操也同意荀攸的建议，决定速战速决，于是传令击鼓前进。

双方摆开阵势，曹操和袁绍一通骂战，双方将领骑马应战。曹操派出张辽，袁绍派出张郃，双方斗了四五十个回合，不分胜负。随后许褚挥刀对战高览的长枪，双方冲杀起来。袁绍立即命人放箭，一时间万弩并发，箭雨乱飞。曹军抵挡不住，退兵到了官渡大营。

见曹操退到大营不出来，审配给袁绍出了个主意：在曹操大营前筑起土山，让士兵站在土山上向下放箭。袁绍一听大喜，立即让人去做。筑成之后，袁绍士兵往曹操大营里射箭，曹操士兵只能用盾牌挡着，根本没办法进攻。这时，曹操手下的刘晔献了一计，"可作发石车以破之"。于是刘晔主持制造了数百乘石车，对着袁绍土山一顿"轰炸"，弓箭手死者无数。袁军吓得把这种车叫作"霹雳车"。

接下来的好几个月，双方见招拆招，在官渡僵持了很久。一直到了九月，曹操士兵大多疲乏，再加上粮草不继，全都想要退回许昌去。正巧这时，袁绍派韩猛押运粮食，徐晃、史涣埋伏在山谷之中，带着士兵截住去路，一番烧杀，韩猛逃跑，粮食也被史涣焚烧殆尽。

袁绍听说这件事，气得胡子都翘起来了。不过袁绍还有粮草放在了乌巢，为了防止曹操再搞破坏，袁绍派大将淳于琼，部领督将睦元进、韩莒子、吕威璜、赵睿等，引二万人马，守乌巢。而曹操这边，虽然小胜一场，但粮草已经告急，再这样拖延下去，曹操必定兵败无疑。于是曹操给荀彧写信，让他马上给前线运送粮草。

不巧的是，送信的人被袁绍的士兵抓住了，书信被许攸看到，许攸立即建议袁绍突袭曹操的大后方许昌，这样就能切断他的后勤保障。可是袁绍刚愎自用，沮授的话都不听，许攸的就更不听了，认为这是曹操的诡计，还骂许攸是曹操的奸细。许攸见袁绍也不是什么良主，于是连夜收拾行李，投奔曹操去了。

许攸少时和曹操是好友。看到许攸前来，曹操热情款待了他，一番促膝长谈。许攸把袁绍在乌巢有粮草的事儿一一交代，曹操立即让荀攸、贾诩、曹洪和许攸守大寨，亲自挑选马步军士五千，夏侯惇、夏侯渊领一军伏于左，曹仁、孙典领一军伏于右。张辽、许褚在前，徐晃、于禁在后，曹操亲自带着他们走在中间，打扮成袁军的样子来到了乌巢。

一路上，曹操让人通报说是蒋奇奉命往乌巢护粮，路上的看守士兵一瞧旗帜是自家人，全都放行。到了乌巢，曹操士兵举起火把，突然杀进去。淳于琼刚喝了酒，酩酊大醉，还没反应过来，军营内已经火焰四起，烟迷太空。淳于琼被曹操抓住，割去耳鼻手指，绑在马上，使劲一拍马，让马带着他回袁绍大营自取其辱。

此时，袁绍听说正北方向燃起大火，知道乌巢被偷袭了，之后不久，由于袁绍决策一再失利，加上又没了粮草供给，最终兵败官渡。

官渡之战，经过一年多的对峙，以曹操的全面胜利而结束。这个战例成为中国历史上以弱胜强、以少胜多的典型战例。曹操以其非凡的才智和勇气，写下了他军事生涯最辉煌的一页。

斩断敌人命脉，造成心理压迫

从官渡之战整个过程来看，曹操能打赢这场以少胜多的战争，和他懂得切断敌人粮草供给有很大关系。

袁绍之所以有恃无恐，一方面是人多势众，另一方面是有乌巢的粮仓。正所谓兵马未动，粮草先行，曹操前期急于结束战斗，也是因为荀攸说己方粮草短缺，持久战显然不合时宜。而袁绍不同，他就想拖垮曹操。

因此，曹操才听从了许攸的建议，切断袁绍的退路和依仗，这是一种非常有效的战术，能从心理上威慑敌人。当袁军意识到自己的后勤被切断时，他们会感到恐慌和不安。这种负面情绪在军营中蔓延，降低了他们的判断力和应对能力。

当诸多压力随之而来时，上到袁绍，下到普通士兵，都急需找到退路或逃脱方法，于是本来占有优势时脑袋就不清醒的袁绍，此时更容易犯决策错误，随着后期身边的谋士和将军纷纷向曹操投诚，袁绍的失败也就成了定局。

逆向思维，反其道，出奇兵

袁绍及其将领们普遍认为，曹操在兵力不足的情况下，会采取守势或寻求撤退，而不会主动发起进攻。这种预期使得袁绍在部署兵力时，过于关注正面战场的防御，而忽视了后勤补给线的安全。曹操则巧妙地利用了敌人的这种预期，采取了反其道而行之的策略，即在敌人最不可能预料到的时间和地点发起攻击。这种出其不意的行动，让袁绍措手不及，从而实现了战略上的突然性和有效性。

曹操在官渡之战中用奇谋实现了对袁绍军队的致命打击，奠定了曹操统一北方的基础。这一战例不仅展示了曹操非凡的军事才能和战略眼光，也为我们提供了宝贵的启示：在复杂多变的战争环境中，只有敢于打破常规、出奇制胜的领导才能取得最终的胜利。

4 只有自己强大了，别人才能在意你

—— 左思：打铁还需自身硬

《周易》里说："天行健，君子以自强不息。"一种比较通俗的解释是，天（即自然）的运动刚强劲健，相应地，君子处世，也应像天一样，自我力求进步，刚毅坚卓，发愤图强，永不停息。

洛阳纸贵

在西晋的文学史上，左思绝对可以占一席之地，他因创作《三都赋》影响了洛阳纸张的价格。这到底是这么回事呢？他的《三都赋》又为何有这么大的影响力呢？

左思是西晋人，据传他其貌不扬、身材矮小，并且语言表达也有缺陷。但他与被称为"古代第一美男子"的潘安是好友。每次两人出行，都充分展示了什么是"没有对比就没有伤害"。

即便如此，两人的友情依然如故。左思自幼反应迟钝，所以

127

各方面表现平平，连父亲都为他着急。后来他发愤图强，努力地钻研学问，最终凭借勤奋，文采逐渐显现。

左思读过东汉班固的《两都赋》和张衡的《西京赋》之后，决定要写出一篇超越他们的《三都赋》。周围的人听到左思要写《三都赋》的时候，都笑他不自量力。

他并没有因为外界的嘲讽就放弃自己的信念，在正式创作之前，他做了以下准备。

第一，他读《两都赋》和《西京赋》的时候，发现文章中的语言过于艺术化，失之偏颇。所以他在写《三都赋》之前，到魏都邺城、蜀都成都、吴都金陵做了大量的实地调研，积累了从历史、地理到风俗人情等一系列的一手资料。第二，当时的纸张稀缺，写赋需要大量的纸张，他就找到一位造纸能手，想办法生产大量优质纸张，以满足自己的写作需求。

在这样准备充分的情况下，左思将自己对三个都城的理解与感悟写进了赋中，文辞恳切，生动真实。最终，《三都赋》完成了。

左思本身毫无名气，哪怕写出了如此恢宏大作，依然遭到当时文人的嘲讽，那些文人甚至看都不看他的作品，就开始对他进行批评。左思一看，这样下去，自己的心血可就毁了。

他另辟蹊径，将自己的作品给当时的文人张华看。张华品读以后非常喜欢，更是评价"班、张之流也。使读之者尽而有余，久而更新"。

张华又将作品拿给文人皇甫谧看。皇甫谧赞不绝口，挥笔给《三都赋》写了序言。皇甫谧又让著作郎张载给《三都赋》中的《魏都赋》作注，让中书郎刘逵给《三都赋》中的《蜀都赋》和《吴都赋》作注。连讥讽左思的陆机读完《三都赋》以后，都直接搁置了自己的笔，并表示自己也写不出超过左思的《三都赋》。

在这些文人的极力宣扬和推动之下，《三都赋》流传了起来。人们竞相传抄，一度让洛阳的纸张变得更加昂贵，甚至出现纸张短缺的现象。这也就是"洛阳纸贵"的由来。在这种情况下，当事人左思也如愿进入"文学圈"中，并获得了一席之地，不再是默默无闻的小卒。

勇于自我超越才能收获成功

左思的故事深刻体现了内在动机对个人成长与自我超越的重要性。根据自我决定理论，人的行为受内在动机的驱动，这些动机包括自主性、胜任感和归属感。左思面对外界的嘲笑与自身条件的不足，没有选择放弃，而是被一种强烈的内在动机所驱使——超越前人的文学成就，证明自己的价值。他发愤图强，勤奋钻研，这种不屈不挠的精神正是内在动机转化为实际行动的典范。

《三都赋》横空出世，左思不仅实现了自我能力的提升，更在文学领域留下了不可磨灭的印记，完成了从默默无闻到名扬天下的华丽转身。

以强大内心应对逆境

左思的成长历程也是心理韧性的一次精彩展现。面对身材矮小、语言表达缺陷等先天不足，以及外界的嘲讽与质疑，他没有陷入自我怀疑或绝望的泥潭，而是展现出了极强的逆境应对能力。心理韧性理论认为，个体在面对逆境时能够调动自身资源，采取积极的应对策略，从而克服挑战，实现成长。左思通过实地调研、积累资料、寻求帮助等方式，为《三都赋》的创作做了充分准备，并在作品完成后积极寻求认可，最终赢得了文学界的尊重与赞誉。这一过程充分展示了他在逆境中不屈不挠、勇往直前的精神风貌。

重视社会资源

在左思的成功之路上，社交支持与人际关系也起到了不可忽视的作用。尽管他起初并不被看好，但他与潘安等人的友情为他提供了情感上的支持与鼓励。更重要的是，在《三都赋》完成后，他巧妙地利用社交资源，将作品展示给张华等有影响力的文人，从而获得了宝贵的推荐机会。

社会支持理论指出，良好的社交关系网络可以为个体提供信息、情感、物质等多方面的支持，有助于其应对挑战、实现目标。左思正是通过有效运用社交支持，克服了初期的困境，最终实现了自己的文学梦想。同时，他的成功也进一步证明了社交支持与人际关系在个人成长与发展中的重要性。

　　面对外界质疑与自身局限，左思坚持不懈地磨砺自我，通过深厚的学识积累与卓越的文学才华，创作出《三都赋》这一传世佳作。他不仅证明了自身出众的能力，更以作品的实际价值赢得了文坛的赞誉。这告诉我们，只有自身实力过硬，才能在竞争激烈的环境中脱颖而出，实现名利双收。"洛阳纸贵"的故事生动诠释了自强不息才能收获成功的道理，激励着后人不断自我提升，以实力铸辉煌。

5 保持初心，才能为成功积蓄力量

——秦琼：秦琼卖马不失志

苏轼在《杭州召还乞郡状》中说："守其初心，始终不变。"人生在世，会遇到各种各样的困难坎坷，只有抱着始终如一的信念，不丢失最初的理想和志向，才能守得云开见月明。

秦琼卖马

秦琼，字叔宝，是隋末唐初著名的将军，凌烟阁二十四功臣之一。隋朝末年，各路义军起来讨伐杨广的暴政，最终李渊统一中国，建立了唐朝。而随着他四处征战的将军们，也建立了不朽的功业。秦琼就是其中之一。

然而，秦琼在遇到李世民之前，也有过一段困窘的经历。当年，秦琼在山东济南府当解户，去潞州办差，为了讨批文，得罪了蔡太守，被打了板子，不得不在客店里休息，一来二去，人吃马嚼，秦琼身上的银子很快就花光了。店老板名叫王小二，是个势利眼，秦琼有钱时当大爷照顾，秦琼钱花光了，付不起房钱，就百般刁难他。秦琼之所以没钱，主要是因为钱都放在朋友樊建那里了。

王小二见秦琼在客店里不给钱，就把他赶到了破屋子里，也不给他饭吃，弄得秦琼无地自容。王小二起了坏心眼，找了两个人到秦琼面前说闲话，"逼迫"秦琼当掉身边的值钱东西交房钱。无奈之下，秦琼只得起了当掉家传金锏的主意。王小二看到他的金锏，心里说："这个姓秦的真奸诈，有两根什么金锏，不肯早卖，直等我央人说许多闲话，方才出手。不如哄他在潞州便宜当了，我再赎出来，用上面的金子给老婆打首饰。"

王小二这么计划着，骗秦琼来到了三义坊一个大姓人家，门上挂着"隆茂号当"字牌。进去之后，老板一番压价，只给了秦琼几两银子，还了老板的钱，吃吃喝喝又花光了。又受了几天王小二的白眼，在王小二的催促下，秦琼只能决定把黄骠马卖了。于是王小二指引秦琼去西门里大街卖马。

秦琼是个侠肝义胆的人，他原本可以不理会王小二，直接离开这里去找樊建，拿到钱之后再回来还给王小二，但他坚决不做半路逃跑这种事儿，才会落得如此下场。

秦琼一夜辗转难眠，好不容易熬到天亮，早早来到早市上。可是因为他没钱，在客店里王小二也没把黄骠马照顾好，此时瘦了吧唧，一匹千里神驹，弄得蹄穿鼻摆，肚大毛长，谁都不肯买。秦琼回到店里受到王小二一顿奚落，转天又到了西营市，依然没人问价。

马没卖成，秦琼想到回店里又要受王小二的冷嘲热讽，大丈夫怎么受得了如此奚落？于是，秦琼牵着马在街上溜达，忽然遇到一位老者，闲聊之下得知此去不远就是二贤庄，那里有个二员外名叫单雄信，乐善好施，专喜好马。秦琼一听，才忽然想起来潞州确实有个单雄信，是个英雄好汉，自己竟然忘了去拜会他。

可是此时，他破衣烂衫，神情憔悴，就这么去拜会岂不失了礼数？于是秦琼只得假称姓王，带着黄骠马来到二贤庄。

单雄信善识良马，把衣袖撩起，用左手在马腰中一按，他臂力惊人，然而那马纹丝不动。单雄信又量一量头至尾，长丈余，蹄至鬃，高八尺；遍体黄毛，如金丝细卷，并无半点杂色。确实是好马。不过由于好几天没有吃好草料，这黄骠马饿瘦了，十分难看。

单雄信出三十两银子买下了这匹马。秦琼拿着钱便离开了。后来，单雄信知道了那是秦琼，便热情邀请他到山庄，临走前还给了他很多盘缠，两人成了至交好友。

大志易立，初心难为

秦琼生就侠肝义胆，从加入义军反抗隋朝暴政的那天起，就以拯救天下苍生为初心。

从心理学的角度来看，初心是一种积极向上的心理能量，它能够帮助人在面对挑战、挫折或诱惑时，仍然按照既定方向持续行动。

哪怕秦琼在面临如此困境时，也不改内心的志向，不偷不抢，不乘势行凶，只管把自己的东西当了还钱。初心是由内心发出来的，可以激发出强烈的成就动机，使人能够积极上进、奋发有为，不惧困难和挑战。正是靠着初心的力量，秦琼才能不惧外界的诱惑和压迫，坚持既定的方向和目标。

反观王小二，为了钱财利益，不惜使用下三烂的手段，欺骗和欺辱秦琼。这种人，完全丧失了初心。

拥有初心的人通常会对自己所追求的事物充满热情和动力，能够跳出舒适区，尝试新方法和策略，从而激发出创新和创造力，产生新的思维和解决方案。

在面对挑战和困难时，人需要学会自我调节和控制情绪、思维和行为。就像秦琼，一分钱难倒英雄汉，他也没有自暴自弃，哪怕受到不公正待遇，他也能够控制情绪，想办法解决问题。这么看来，初心有助于激发这种自我调节与控制的能力，激发个体的适应性和韧性，使个体更好地应对压力和逆境，应对生活中的各种变化和挑战。

初心激发成就动机

秦琼从一个小小的解户，最终经历风雨成长为开国将军，也正是初心让他始终保持强烈的成就动机。

成就动机是个体追求自认为重要的有价值的工作，并使之达到完美状态的动机，即一种以高标准要求自己以力求取得活动成功为目标的动机。初心帮助个体设定清晰、具体、可实现的目标，制订实现这些目标的计划。当这些目标和计划具有明确的可衡量性和可达成性时，就能转化为对成功的渴望和追求，反过来赋予个人前进的强烈动力。在面对挑战、挫折或困难时，拥有初心的人能够从"成就动机"中找到力量，自我激励，克服挫败、疲劳和厌倦感，不断前行。

在征讨瓦岗军的战场上，他英勇无畏，却也不忘初心，坚持正义，最终赢得了战友的尊敬；在投降瓦岗军又转投王世充，最终选择李世民的过程中，他虽历经波折，但始终坚守内心的信念，不为权势所动，只为寻找能够真正实现心中理想的明主。

正是这份初心，让秦琼在纷繁复杂的乱世中保持了一份难得的清醒与坚定。只有坚守初心，才能在权力的诱惑面前不失方向，在困难的挑战面前不退缩。秦琼始终以一种超然的心态去面对一切，用自己的实际行动去践行初心，最终成为一位青史留名的将领。

6

抓住关键点，轻松击败对手

——李东阳：机智破解对对子难题

杜甫在《前出塞九首·其六》中说："射人先射马，擒贼先擒王。"表面意思是说，射人先要射人骑的马，擒贼先要擒住他们的首领。说明作战时要选好突破口，确定正确的主攻方向，无论做什么事情都要抓住主要矛盾。

李东阳巧妙对对子

李东阳是湖南茶陵人，明天顺八年（1464年）中进士，官至吏部尚书，是明代著名的清官。

李东阳从小就聪明好学，读书时能做到一目十行，过目不忘。因此，很小的时候在老家就颇有才名。而李东阳最擅长的就是对对子。

相传有一年冬天，李东阳的父亲请了很多朋友来家里做客，席间，父亲让李东阳见过各位长辈。其中一位伯伯看着李东阳说："听说你很会对对子，伯伯要考考你！"李东阳完全不惧："请伯伯赐教。"

伯伯想起进门的时候，看到李东阳家里种着一棵李子树，于是脱口而出："听好了，我的上联是，'李东阳气暖'。"

李东阳一听，这个对子可了不得，表面上看说的是李子树东边的阳光充足，很暖和。但仔细一瞧，前三个字竟然是自己的名字。这也就是说，自己对的对子不仅要表面意思对仗工整，而且也要包含一个三字的人名。

在座的叔叔伯伯们听了这个上联，也是一脸难色，纷纷皱眉思考如何应对。但看李东阳，他略微思考之后，胸有成竹地说："伯伯，我想出来了。我的下联是，'柳下惠风和'。"表面意思是柳树下边惠风和煦，春光明媚。柳对李，东对下，阳气对惠风，暖对和，不仅工整，而且意境深远。更关键的是，前三个字是柳下惠，乃是春秋时鲁国大夫，以维护奴隶主贵族的礼仪著称，所以有"柳下惠坐怀不乱"的故事。

客人们见李东阳才思敏捷，纷纷竖起大拇指，赞叹不已。

还有一次，李东阳和邻居家的几个小朋友一起放风筝，风筝线突然断了，风筝飞到了太守的家里。其他小孩子都害怕太守，不敢去索要。李东阳站出来，挺起胸膛来到太守家中拜访。

太守早就听说过李东阳的才名，一听说是李东阳来了，问清缘由是来找风筝的，于是就想刁难他一下。

"小友，我听说你对对联很厉害，我这里有一个上联，你要是对出来，我就把风筝给你。"

李东阳一口答应，太守大人想了想说："童子六七人，毋如尔狡。"意思是说李东阳这一群小孩里，就数他最调皮。其实是在调侃李东阳。

李东阳当然听出了其中的意思，他也不肯吃亏，于是想也不想就说："太守二千石，唯有公……"可是，说到最后一个字时，他却不说了。

太守大人很好奇，问："还有一个字呢，怎么不说了？"

李东阳笑嘻嘻地说："大人，这最后一个字是什么，取决于您呀！"

太守被李东阳的话搞得摸不着头脑，问："你的对子，怎么取决于我呢？"

李东阳接着说："您看，如果您把风筝还给我，这最后一个字就是'廉'。但如果您不给我风筝，最后一个字就是'贪'。"

太守大人听完，这才明白，敢情李东阳也在调侃戏弄自己。太守哈哈一笑，摸着李东阳的头说："孺子可教呀！以后必成大器呀！"

就这样，太守大人命下人带着李东阳和几个小孩在院子里找到了风筝。于是这个下联就变成了"太守两千石，唯有公廉"。

敏锐洞察，精准应对

在李东阳与伯伯的对联挑战中，其敏锐洞察与精准应对的能力得到了淋漓尽致的展现。首先，他迅速捕捉到了上联"李东阳气暖"中的双重含义：一方面，这是一句描述自然景象的语句，即李子树东边的阳光温暖；另一方面，这更是对李东阳本人名字的一种巧妙嵌入，构成了一种隐含的挑战。这种对关键信息的快速识别，是他能够迅速构思出下联的重要前提。

李东阳通过对联这种文学形式，不仅展现了自己的才华，更表达了对长辈的尊敬。精准应对伯伯的挑战，赢得满堂喝彩的同时，也进一步巩固了自己在家族和社会中的名气。这种敏锐洞察与精准应对的能力，是他个人智慧的体现，也是他深厚文化底蕴和广泛知识积累的结果。

解决问题，要抓关键

李东阳在面对太守时，不仅对上了对子，还回应了太守调侃自己的行为，根本原因在于李东阳是个善于抓住对方弱点，找到关键点的人。

解决事情要抓住关键点，核心在于识别和利用关键点，以提高解决问题的效率。这种应对突发状况的策略，首先涉及注意力的分配和集中，将注意力集中在最能影响问题解决的因素上，合理分配有限的认知资源，以寻找解决问题的关键方法。这种策略有助于提高工作效率，避免在次要因素上浪费时间和精力。所谓"直捣黄龙"就是这个道理。

我们处理问题时，其中蕴含的信息的重要性是不同的。筛选和评估信息，识别出哪些信息对解决问题是至关重要的，是解决问题的重要环节。

李东阳在面对太守大人的刁难时，首先从太守的身份上进行突破。作为一个官员，在官场和百姓中的名望、口碑是最重要的。毕竟，谁也不喜欢别人骂自己贪官。李东阳一下就看准了这个"关键点"，找准目标，全力"攻击"，所以才能"拿捏"住太守大人，不仅为自己赢得了尊严，还拿回了风筝。

这场与太守的交锋，彰显了李东阳精准捕捉关键、高效解决问题的能力。他直击太守作为官员的名誉痛点，以智取胜，不仅迅速化解了刁难，还巧妙地将局势逆转，为自己赢得了尊重。这也启发我们：在职场与生活中，学会识别并利用关键信息，聚焦于核心价值，是提升个人竞争力、快速达成目标的不二法门。

第五章

随机应变，看民间生存智慧

1 有恒心的人，往往格外强大

——愚公：不惧冷眼，坚定移山

俗话说：世上无难事，只怕有心人。说的是无论遇到什么事情，只要有恒心，有毅力，就一定能做到。古往今来，依靠恒心达成了自己目标的例子数不胜数。

愚公移山

传说古时候在冀州以南、河阳以北的地方矗立着两座巍峨的大山，两座大山方圆七百里，高七八千丈，一座叫作太行山，一座叫作王屋山。

太行、土屋二山的山脚下有一个小村庄，村子里住着一位老人，都快九十岁了，身子骨还很硬朗，经常下地干活。人们都叫他愚公。从很早之前开始，村子里的人要想出去，去镇子上买东西，都要向南绕过两座大山，走很远很远的路，实在太费劲了。而假如没有太行、王屋两座山，直线向南走，不用多久就能到镇上。

有一天，愚公脑子里冒出一个想法：为什么不把两座大山移开，修建一条宽敞的大路呢？于是愚公召集全家人召开大会，愚公对自己的儿子和孙子们说："我想挖平险峻的大山，让我们村子的路一直通到南部去，你们觉得怎么样？"

愚公的子孙们一听，都觉得这个主意不错，但愚公的妻子却提出了疑问："凭你的力气，连魁父这座小山都不能削平，能把太行、王屋怎么样呢？再说了，挖下来的石头和泥土要放到哪儿去？"

大家七嘴八舌地说扔到渤海去，或者扔到隐土的北边去。就这样，在愚公的主持下，全家老少齐上阵，愚公率领儿孙去山上凿石头，挖泥土，用箕畚运到渤海边上。就这么干了好多天，村子里的人看到愚公做出这么"蠢"的事，都笑话他们一家人不自量力。

邻村有个叫智叟的老人，和愚公一般大小的年纪，也听说了愚公移山的事儿，于是跑过来劝说愚公："你已经九十多岁了，还能活几年？就凭你残余的岁月、剩下的力气连山上的一棵草都动不了，还想移动太行、王屋两座山？简直痴心妄想，我劝你还是停下来吧。"

愚公一边干活一边说："你说得对，我一个人的力量确实微不足道。但我有儿子，儿子又会生儿子，子子孙孙无穷尽。但是山是不会再增高了，早晚有一天，这两座山会被挖平的。"智叟听了愚公的话，顿时无言以对。

自那之后，依然有很多人在背后说愚公一家人傻，可是愚公全然不在乎，依然每天带着子孙们挖石头、挑石头、运石头。就这样一年一年地过去了。

附近的山上有个神仙听说了这件事，被愚公的精神打动，于是趁着上天向玉帝汇报的机会，把这件事告知玉帝。玉帝大为惊诧，他没想到在人间还有这种有毅力、有力量的人，于是下令大力神夸娥氏带着他的两个儿子，施展法力，将太行山和王屋山搬走了。

第二天天一亮，村民们拿着锄具去田里干活，结果一出家门，发现两座大山不见了，都以为看花了眼，可仔细一瞧，确实是没了，摆在眼前的是一条宽敞的笔直大路，从此以后，再也不用绕远了。

有志者，事竟成

抛开天神的帮忙，只关注愚公本身的个人努力，从中就可以提炼出"恒心"这个人格闪光点。他从头至尾都是不知道"天神"的存在的，原本就是想靠着自身的努力来完成这件事，由此可见，他的毅力有多么强大。

"恒心"和"毅力"表现为在追求目标的过程中，持续地保持积极向上的心态和行为，克服困难和挫折，不断追求进步和提升，是一种积极的人生态度和心理品质。

有恒心和毅力的人，往往拥有很强的自我控制力和自我调节能力，能够在面对困难和挫折时不轻言放弃。比如愚公在挖山的时候，他自己也很清楚自己的力量和庞大的山比起来太过渺小，可是由于愚公能对自己的身心进行调控，当面对挫折和压力，甚至外界的质疑时，他也能积极调整情绪，通过持续的努力和坚持，更好地应对挑战和压力。

另一方面，除了心态外，"恒心"和"毅力"还是对目标的执着和坚定，这是一种不可或缺的情感体验。无论做什么事情，这种情感体验在某种程度上能激发人的内在动力，让人产生乐观、自信和积极的情绪，专注于目标的实现。

恒心促进成功

苦心钻研、埋头拼搏的人，最终都能在自己的领域大放异彩。美国著名发明家爱迪生也说，天才就是1%的灵感加上99%的努力。由此可见，世界上并没有绝对的天才，所谓天才只是比别人更有恒心，更能够坚持不懈而已。

像愚公这样的人，他们的身上都有非常强烈的个人特质。他们通常对自己的目标有清晰的认识，并且无论遇到什么挑战和遭遇都能专注于实现目标本身，而不被困难和挫折所动摇。同时，明确的目标又能够激发他们的内在动力，帮助他们持续不断地努力，从而走向成功。

坚韧的心智让他们具备常人所没有的积极的思维方式，比如：智叟看到愚公移山，首先想到的是山太大了，人力根本挖不动。但愚公面对这个问题，却总会从积极的一面想，他的子孙后代无穷无尽，总有一天能挖完。一对比就会发现，这是两种完全相反的思维模式，智叟代表的是消极的、逃避的；而愚公代表的是积极的、进取的。

拥有积极的思维方式的人，面对问题时，他们独特的视角使他们能够穿透表面困境，洞察到潜藏的机会。这种心态不仅铸就了他们的乐观自信，更赋予了他们清晰的思考路径和广阔的视野。

尤为重要的是，这种积极心态与恒心、毅力相辅相成，共同构建了一个强大的内在引擎。它驱动着个体在面对挑战时，不仅不会被焦虑和恐惧所吞噬，反而能够迅速调整状态，以惊人的适应力拥抱变化。这种能力，在快速变迁的现代社会中尤为宝贵，它让人能够在不确定中寻得稳定，在变化中捕捉机遇，从而实现个人价值的最大化。

2 懂得变通之道，短板变优势

——塞翁：祸事也许是好事

《宋史·赵普列传》中说："事不凝滞，理贵变通。"意思是做事应该灵活处理，不拘泥于形式，要善于根据事物的发展变化采取相应的变通方式。

塞翁失马，焉知非福

相传古代有一个小村子，村子里住着一个颇有智慧的老者，人们都叫他塞翁，他的家里有几匹好马。

有一天，塞翁家的马没拴牢固，竟然私自跑了出去，溜溜达达就越过了边界，跑到了胡人的地盘。要知道当时中国人和胡人的关系非常差，胡人常常骚扰中国的边境，掠夺人口和牲畜，所以塞翁对于丢失了马匹也没任何办法。

村子里的人听说了塞翁的遭遇，都来劝说他想开点。然而塞翁看着遥远的边境，幽幽地说："丢了马，也许是件好事呢。"大家听了塞翁的话，都觉得他是伤心过度，开始说胡话了，于是不加理会，各自回家去。

没过多久，有一天早上，塞翁还没起床，就听见院子里有马嘶鸣的声音。塞翁急忙跑到院子里，一瞧竟然是自家丢失的马自己回来了。不仅如此，自家的马还带回来一匹身材矫健的胡马。周围的邻居也听到了马的叫声，纷纷被吸引过来，当他们看到胡马的时候，都纷纷祝贺塞翁："哎呀，这匹马威武雄壮，你可真是有福气呀！"

然而面对邻居们的祝福，塞翁却好像心事重重的样子："哎呀，这未必是件好事呀！"

由于家里多了一匹好马，塞翁的儿子又喜欢骑马，因此经常带着那匹胡马出去遛，有的时候还试着骑一骑，可是胡马性子烈，不服管教。塞翁的儿子性格也非常倔强，非要驯服那匹马。就这么一来二去，一人一马斗了好几天。终于塞翁的儿子从马上摔下来，摔断了大腿，挂上了拐杖。

邻居们知道以后，都来看望塞翁的儿子，然后宽慰塞翁说："没事，以后你家里有什么困难，我们大家都会来帮忙的。"

然而塞翁脸上却露出了意味深长的表情，他看着儿子的断腿，说："也许，摔断了腿是件好事呢！"

大家听塞翁这么说，以为他受刺激过大导致胡言乱语，都忍不住同情起他来，一把年纪的他原本想靠着儿子养老，现在儿子残疾了，没有了劳动能力，不能种地，不能打猎，以后的日子得多难过啊！

过了几年，胡人发动了战争，兴兵大举入侵边境，烧杀抢掠，无恶不作。官府贴出告示，每家每户都要出一个壮丁，拿起武器保家卫国。塞翁生活的边境地区状况尤为严峻，据说十个男子，其中八九个都要战死沙场。因为这个，边境地带的村民们都拖家带口离开了那里。

而塞翁不一样，由于他体弱多病，他儿子又是个断腿的残疾人，家里没有被抓壮丁，因此逃过了征兵，父子俩的性命得以保全。

变通是心理灵活性的外在表现

心理学上，有一个心理灵活性的概念，涉及多个方面的能力和特点。心理灵活性是指一个人在应对不同情境和挑战时，依然能够保持开放的态度、高度的适应性和调整自我身心的能力。

塞翁就拥有很高的心理灵活性，无论遇到好事还是坏事，他都能保持开明的心态，及时调整事件对自己心理的冲击力，并快速调整到最佳状态，准确认知到事件的本质。

从塞翁的表现来看，遇到坏事时，他不会立即拒绝和逃避；

遇到好事时，也不会忘乎所以，立即拥抱和接纳。他始终保持着理性思考。这表示，拥有心理灵活性的人往往能够觉察和接纳自己所有的经历和感受，包括想法、情绪和记忆等。意识到自己的内在状态，并接受它们的存在，而不是否认或排斥它们。无论好的，还是坏的，都是如此。

因为他具备清晰的价值观和决策能力，能够根据个人的目标和价值观念，灵活地做出决策并付诸行动。哪怕面对复杂情境时，也能够明确自己的方向，采取适当的行动。

而一旦事件伤及自己，比如他的儿子从马上摔下来，摔断了腿，塞翁依然能尽快灵活地运用自我调节策略，在面对逆境时保持冷静和理智，以不变应万变，静待事态的发展。

预见未来，调整策略

面对马匹丢失这一突发情况，塞翁没有固守传统观念中的"损失即不幸"，而是展现出超乎常人的预见能力，认为这可能是好事的开端。这种思维方式的核心在于变通，即根据外部环境的变化灵活调整自己的认知和行为策略。塞翁的变通不仅体现在对个体事件的看法上，更在于他能够预见并适应更大的社会变迁（如战争的到来），从而做出有利于家族长远发展的决策。

塞翁失马的故事深刻揭示了变通精神在个人成长和社会发展

中的重要性。无论是面对个人困境还是社会变迁，保持灵活的思维方式和行为策略都是至关重要的。通过变通我们能够更好地适应环境、抓住机遇、化解危机，从而实现个人和组织的可持续发展。

3 惩治贪婪，就该用魔法打败魔法

——阿凡提：巧治吝啬的巴依老爷

朱熹在《中庸集注》中说："故君子之治人也，即以其人之道，还治其人之身。"原意是用别人已有的道理和方法来修养他自身。到了现代，这句话就变成了用坏人的方法来惩罚坏人的意思了。

阿凡提整治巴依老爷

阿凡提是民间故事里的明星人物，他的故事家喻户晓，尤其是他靠着聪明才智打击巴依老爷，为老百姓谋福利的事迹传遍了世界各地。

传说，有一次巴依老爷骑着毛驴出门，路过自家放牧工人巴尔库的家门口。巴尔库的房子塌了，他正在维修。早些时候，巴尔库发现了房子有裂痕，向巴依老爷借钱修房子，可是修到一半，钱不够了，结果现在房子塌了。

巴尔库看到巴依老爷走了过来，于是笑着说："巴依老爷，您再借我点钱吧！"巴依老爷大摇其头："还想借钱？上次的钱该还了，快还钱！"

巴尔库祈求说："巴依老爷，我没钱呀，再说上次借钱的时候，您没说今天还呀！"

巴依老爷打断了巴尔库："对呀，我只说借给你，没说什么时候还，我今天说现在就还，还不上，你的房子就别想要了。"说完，大摇大摆地离开了。

巴尔库根本拿不出那么多钱，愁眉苦脸。刚巧阿凡提骑着毛驴在街上溜达，看到巴尔库一脸苦相，问起缘由才明白怎么回事。阿凡提计上心来，决定教训一下巴依老爷。阿凡提来到镇上，看到巴依老爷走进一家理发店，也跟着走了进去。

巴依老爷问理发店的店长理发多少钱，店长说十个钱。巴依老爷一听，眉毛竖了起来："这也太贵了吧，算了，下次攒着一起理吧！"

阿凡提拉着巴依老爷说："您别走呀，我给您理发，不收钱！"巴依老爷一听，有这好事，赶紧坐下来。阿凡提动作麻利，很快把巴依老爷的头发全剃光了。

"阿凡提，你怎么把我剃成了光头？"巴依老爷看着镜子里的自己大怒。

阿凡提用袋子把碎发收起来递给巴依老爷："大老爷，我

155

这是为您好呀，您瞧，这些头发您拿回去还可以卖钱呢，多好呀！"

巴依老爷惊讶又兴奋地问："头发还能卖钱？"阿凡提点点头，又问："胡子也能卖钱，您要剃吗？"

"要，要！"

"眉毛也能卖钱，您要剃吗？"

"要，要！"

就这样，阿凡提把巴依老爷脑袋上所有的毛发剃光了，圆鼓鼓的大脑袋就像个鸡蛋。巴依老爷觉得很丑，但又不能怪阿凡提。可是这怎么出门见人呀？

这时，巴依老爷看到理发店旁边有帽子店，于是跑过去问："老板，帽子多少钱？"

"我这帽子五十钱一顶。"

巴依老爷一听太贵了，还不如自己买块布呢，想做多少帽子就做多少，于是走到旁边布料店买了一块布，可是找谁做帽子呢？

这个时候阿凡提又来到他身边，说："大老爷，我会做帽子。"巴依老爷想：你刚才捉弄了我，我也要捉弄捉弄你，于是说："好，你用这块布给我做十顶帽子，如果做不出来的话我就要告你。"

那块巴掌大小的布，怎么可能做出十顶帽子呢？旁边的人都替他捏把汗。可是阿凡提却笑着说："如果我做出十顶帽子，您要把钱借给巴尔库，而且还不能收利息。"

双方约定好之后，巴依老爷就高兴地回家去了。没想到晚上，阿凡提就到了巴依老爷家里。巴依老爷听他说帽子做好了，大吃一惊，阿凡提说："不信？您伸出手！"

巴依老爷伸出双手，阿凡提拿出指头大小的十个帽子戴在了巴依老爷的手指头上。

"怎么能做这么小的帽子啊？"

阿凡提笑着说："您又没说多大多小，只说十顶帽子，对不对！"

巴依老爷吃了哑巴亏，没办法，只能把钱借给了巴尔库。第二天，巴尔库就开始盖房子，邻居们都来帮忙，很快就盖好了二层小楼，特别漂亮。

巧妙利用逻辑陷阱

阿凡提在此故事中巧妙地运用了巴依老爷自身的逻辑漏洞来反击。巴依老爷在借钱给巴尔库时，故意模糊了还款时间，导致巴尔库陷入困境。阿凡提则利用巴依老爷的"模糊逻辑"反击，在理发和做帽子的事情上，同样采取了模糊标准的方式，让巴依老爷自己跳入陷阱。这体现了心理学中的"认知陷阱"概念，即利用对方思维中的漏洞或偏见，通过巧妙的言辞和行动，引导对方做出不利于自己的决策。阿凡提通过这种方法，不仅教训了巴依老爷，还成功地为巴尔库争取到了所需的资金。

模仿对手是击败对手的一种策略

从心理学的角度来看，阿凡提"模仿"巴依老爷的行径，反过来惩治并打败了巴依老爷，其实是一种常见的应对外部环境干扰的策略，很大程度上能达到意想不到的效果。

通过模仿对方的言行来应对冲突或挑衅，尝试通过相同的方式让对方体验到类似的情绪反应，从而达到惩罚或警告对方的目的。这种方式要求拥有良好的情绪调解机制。就像阿凡提一样，原本是一个正直的人，要去模仿巴依老爷丑恶的嘴脸，就要克服"心理壁垒"，让自己成为巴依老爷，这样才能"模仿"得惟妙惟肖，达到最终效果。

也就是说，当阿凡提为了帮助别人，被迫模仿或复制巴依老爷的言行时，会体验到认知失调，即自己的行为与自己的价值观或信念不一致。值得注意的是，这种认知的冲突会导致个体感到不适或内心矛盾，如果没有很好的情绪调节能力和认知整合能力，就很有可能让自己陷入失调的情境，从而迷失自我。

4

勇于反抗，在逆境中展现力量

——白素贞：不屈不挠，勇敢追求爱情

陶渊明在《读〈山海经〉》中写道："精卫衔微木，将以填沧海。刑天舞干戚，猛志固常在。"意思是，精卫口含小小的木块，将要填平深深的大海；刑天失败仍挥舞盾斧，刚毅的精神始终存在。

精卫填海和刑天舞干戚的故事都体现了反抗精神，告诉人们在面对困难时，要敢于站出来，勇于挑战权威和强权。

白素贞与许仙的爱情故事

传说，很久以前的杭州城，有一个叫许仙的人，家里经营着药铺，生意还算不错，很多人都来找他看病求医。

某年的清明节前夕，许仙去保叔塔烧纸钱祭拜，结果回家路上云雾四起，天上很快降下毛毛细雨。许仙急着回家，路过西湖时，发现两个女子站在岸边，身上已经被雨水淋湿了。其中一个白衣女子看起来雍容华贵，知书达理，身边站着一个穿青衣的小丫鬟。

许仙见她们两个没有伞，好像是要乘船到什么地方去，于是就主动靠过去问："请问二位是要乘船吗？现在正在下雨，怕是要等很久。"

白衣女子微微颔首，点头称是，说要到对岸去。许仙被白衣女子的笑容迷住了，想也不想，就把手里的伞送给她们。白衣女子十分感激，于是说："恩人如此待我，我日后一定重谢，不知道恩人住在哪儿？"

许仙说了自己家店铺的位置，又问白衣女子家住在哪儿。刚巧，这时船来了，白衣女子和青衣丫鬟上了船。之后不久，许仙才知道白衣女子名叫白素贞。两个人因为在西湖边结缘，一来二去，产生了感情，慢慢发展成了夫妻关系。

新婚之后，两人恩恩爱爱，把药铺生意搞得非常红火。但好景不长，有一天，许仙去街上买东西，遇到一位老和尚。许仙认出他是金山寺的方丈，名叫法海。双方见礼，法海突然对许仙说："许施主，看你面相不对，想是家里有妖物作祟，我给你两道灵符。"

许仙笑着推开法海的灵符说："大师别说笑了，我家里怎么会有妖怪？"

法海又打量了一下许仙，拿出一小包东西递给许仙。许仙拿过来闻了闻，知道纸包里是雄黄。法海说："纠缠你的这个妖怪，最怕雄黄。端午节就要到了，只要你在酒里加入雄黄，给那个妖怪喝了，她一定会现出原身，到时候你就信我了。"

　　许仙拿着雄黄回家去了，一路上他一直琢磨法海的话，回想这段时间的遭遇，越发怀疑白素贞。到了端午节这天，许仙按照法海说的，往酒里加入了雄黄，骗白素贞喝下，结果白素贞真的变成了一条大蟒蛇，许仙一下就被吓死过去。

　　白素贞为了救许仙，冒着触犯天条的危险，历经千难万险，来到仙山上盗取了灵芝，为许仙服下。许仙这才活了过来。可是一想到自己的妻子竟然是蛇妖，许仙就吓得不敢面对白素贞，最终逃到了金山寺。

　　法海终于知道白素贞是蛇妖，于是前来收服她。白素贞质问法海："我一没伤过人，二没害过命，你为什么这样纠缠我？"

　　法海冷笑一声："妖怪就是妖怪，我法海的职责就是降妖除魔。"说完，法海施展法力和白素贞打了起来。随后，白素贞的丫鬟小青也加入进来，却仍然不是法海的对手，最终选择逃走。

　　然而，对许仙的思念与日俱增，白素贞决定和小青不再坐以待毙，打算主动出击，反抗压迫。

　　这天，白素贞和小青现出原形，变成了两条几十米长的巨蟒，她们所过之处，所有的水都围绕在身边，形成了滔天洪水，冲向金山寺。法海感受到异常，站在金山寺门口，见到滔天洪水席卷而来，忙施展法力阻挡。

可是白素贞修炼了一千年，小青也有五百年道行，对于现出原形的巨蟒来说，法海的力量实在渺小。就这样，洪水漫过了金山寺。

法海知道白素贞心软，于是大喊："你本是妖怪，和人结合，已然犯了天条，现在又屠杀无辜百姓，上天怎能容你？怕是连许仙都会被连累！"

白素贞被法海的话点醒，收了神通，恢复人身，法海则趁机将她收服，困在了雷峰塔下。后来，白素贞在塔里生下了许仙的儿子，被法海收养。这个孩子成年后考取了状元，感动了天地，上天饶恕了白素贞，将她从雷峰塔放了出来，一家人得以团圆。

直面不公，不惧挑战

白素贞与许仙的结合受到了法海的百般阻挠，但她并未因此退缩。相反，她以坚定的信念和无畏的勇气，去面对法海的威胁。她的反抗，不仅仅是为了捍卫自己的爱情，更是为了争取妖类应有的尊严。

在职场或生活中，当我们遇到不公与压迫时，选择反抗需要极大的勇气。但这种勇气往往能激发我们内心的潜能，让我们在逆境中绽放出耀眼的光芒。只有勇于反抗，我们才能改变现状，赢得他人的尊重，为自己的未来铺平道路。

策略与行动并重

白素贞的反抗并非盲目地行动，而是充满了智慧。她先是尝试与法海沟通，试图以理服人；在沟通无果后，则采取了更为直接而有力的行动，迫使法海正视她的力量。这种策略与行动并重的反抗方式，让她在逆境中保持了主动。

在反抗的过程中，智慧与策略同样重要。我们需要根据具体情况制订合适的计划，采取有效的行动。只有这样，我们才能在反抗中占据优势，实现自己的目标。同时，这种智慧与策略的运用，也能让我们在成功后获得更多的回报。

5 抓住敌人的弱点，更容易克敌制胜

——张佳胤：巧妙用计摆脱危机

《孙子兵法·虚实篇》中说："兵之形，避实而击虚。"意思是说，在战场上用兵的规律，往往是避开敌人坚实之处，而攻击其虚弱的地方。

智擒大盗

张佳胤是明代人，曾做过滑州县令。在任期间智擒大盗任敬、高章的故事，为当时的百姓津津乐道。

有一天，任敬、高章伪装成锦衣卫来见张佳胤。二人直接进入府堂，张佳胤虽然心里奇怪，但仍然照常判案。这时任敬突然大声喊道："都什么时候了，还不立刻来拜见我？"张佳胤连忙命人摆设香案恭迎圣旨。

任敬在张佳胤耳边说道："我们并非来拘捕你，而是要抄查耿主事的家。"原来，府衙中有个名叫耿随朝的本地小官，因草场火灾之事受到牵连，被关进了监狱。张佳胤听后，心中的疑虑更甚，于是邀请二人至后堂稍作休息。一踏入后堂，任敬便紧紧扣住了张佳胤的左手，而高章则搭上了他的肩膀，三人一同步入内室。任敬摸着胡须，面带笑意地说："你难道不认识我吗？我来自山寨，听说县府库房里藏着不少银两，想暂时借用一下。"说完，二人亮出了匕首，抵住了张佳胤的脖子。

张佳胤却显得从容不迫："既然你们不是来寻仇，那我再愚钝也不会为了省几个钱而搭上自己的性命。就算你们不用刀，我这人贪生怕死，力气没你们大，武艺也不如你们，又能拿你们怎样呢？只是，你们既然自称是朝廷的钦差，如果现在暴露了身份，万一被人撞见，岂不是对你们不利吗？"

二人听后觉得很有道理，便将匕首藏入了袖中。张佳胤接着说："滑州不过是个小地方，能有多少银两呢？"没想到任敬早有准备，掏出一本簿子，上面详细记载着各州的钱数。张佳胤无奈，只好恳求他们不要拿得太多，以免影响自己日后的仕途。二人商议许久后说："我们兄弟共有五人，你就给我们五千金吧。"张佳胤故作欣喜地说："太好了，谢谢你们。但你们的背囊能装得下这么多钱吗？再说，又怎么走出县府大门呢？"

二人说："你考虑得也有道理，你先为我们准备一辆车，把钱放在车上。"说完，他们仍用匕首抵着张佳胤，不许有人跟随，否则就杀了他。又说："等我们上马离去后，就放了你。"

张佳胤说："如果你们在白天押着我走，一定会引起百姓的围攻，即使杀了我，你们也难以脱身。不如等到晚上再启程。"二人都觉得这个计策非常妙。

张佳胤又说："官银容易辨认，使用起来也不方便。县中有几个有钱人，不如由我向他们借来给你们，这样我不会因官银短缺而影响官运，你们也不用怕官府追捕。"二人更是称赞张佳胤考虑周全。

张佳胤吩咐高章传话下去，召来手下小吏刘相。刘相这个人，一向多谋善断。张佳胤故意对刘相说："我运气不佳受到牵连，若被捕一定会被砍头。现在钦差大人有能力为我脱罪，我内心非常感激，想送五千金以表心意。"刘相听后，说："一时间到哪儿筹这么多钱？"张佳胤暗中踢了刘相一脚说："我常常见县中的富人热心助人，你替我跑一趟，就说我向他们借钱用用。"于是取来纸笔，写下某大户多少、某中户又多少，一共九人，加起来正好五千金。其实这九人是县中的捕盗高手，并非什么有钱人。

张佳胤又对刘相说："有钦差大人在此，待会儿他们送钱来，都要穿着整齐，不要因为我向他们借钱，就装出一副穷酸相。"其实是暗示那些人要准备好武器。刘相此时已完全领会了张佳胤的意图，告辞离去。张佳胤命人送上酒菜，并且先尝以示酒菜无毒，以安贼心。张佳胤又频频劝二人不要多喝，以免酒后误事。二人对张佳胤更加信任。

饮酒至半酣时，所召的九人各自穿着光鲜，仿佛富豪一般，双手捧着用纸包裹的兵器站在门外，作出哀求的神情说："大人要借的钱我们已经拿来，可是小人家中实在没有这么多。"二贼听说钱已送来，又看到来人都是富人打扮，更加没有怀疑。

张佳胤命人取来秤，又嫌桌子太小，命人取库房中的长几横放在后堂。两名役卒也跟着进来。张佳胤与任敬隔着长几而坐，而高章却紧挨着张佳胤。张佳胤拿着砝码对高章说："你难道不为你的长官秤金吗？"

高章刚一靠近长几，九人立即拿着手中的兵器冲上前去。张佳胤乘机脱身，众人也成功擒住了这两个大盗。

隐藏真实意图，让敌人放下戒备

当锋利的匕首抵住张佳胤的脖子时，他没有惊慌，而是冷静思考脱身之计，同时说自己贪生怕死，让大盗认为他已经完全处于他们的控制之下。随后张佳胤假意为大盗献上逃脱官府追捕的策略，这让大盗觉得张佳胤是一个能够合作的人，大大降低了对他的戒备。这种高明的策略，为张佳胤的绝地反击打下了基础。

敌强我弱，避实击虚

张佳胤清楚，自己无法在力量上与两个大盗抗衡，因此避免了任何可能引发直接冲突的行为。他知道盗贼贪财、惧怕官府追查，于是制定了行之有效的策略，最终以弱胜强，绝境逢生。这告诉我们，如果面对的是强大的对手或难以逾越的障碍，直接硬碰硬可能并不是明智之举，应学会评估自己的能力和资源，避免盲目行动；而一旦发现了对手的弱点或成功的关键路径，就可以集中资源和精力进行精准打击了。

6

远离是非斗争，关键时刻能保全自己

——林红玉：钟情贾芸得保全

《孟子》中说："知命者不立乎岩墙之下。"这告诫我们要远离危险的地方。包括两方面：一是防患于未然，预先觉察潜在的危险，并采取防范措施；二是一旦发现自己处于危险境地，要及时离开。

大观园里的清醒者

《红楼梦》这部旷世巨著，描绘了形形色色的人物，他们有的被名利牵累，有的被美色诱惑，有的死于钱财纷争，有的葬送在情爱中。

在大观园中，却有一个管理园子的小丫头活得格外清醒。

这个小丫头名叫小红，原名林红玉，由于"玉"字犯了贾宝玉的忌讳，所以改名为小红。小红是大管家林之孝的女儿，其他婆子管家的女儿都被送到小姐少爷们身边贴身伺候，成了体面的大丫鬟，但林之孝却把小红放在了院子里，管理花花草草，不掺和里面的事儿，足见林之孝也是个明白人。这也深深影响了小红。

小红和晴雯、袭人不同，她不管贾宝玉的起居吃喝，所以贾宝玉根本不认识她。小红也没有被荣华富贵冲昏头脑，始终保持自己本心。这也是为什么当贾宝玉屋子里的丫鬟都跑出去了，他急着喝茶，小红给他倒水，他反倒不认识小红一样。不过，她的这个"善举"却引起了晴雯等人的刁难和奚落。

小红虽然委屈，也不和她们争辩，本来嘛，贾宝玉身边的贴身丫鬟们哪个不盼着和宝玉"修成正果"，但结局怎么样呢，大概小红心里早就清楚，无非落得赵姨娘那样的下场。

小红不和晴雯等人计较，但并不表示她不会来事儿，没有追求。当在院子里遇到王熙凤，王熙凤让她去家里帮她取东西时，小红不仅事情做得好，还把平儿回给王熙凤的"一大篇奶奶爷爷"的话说得干净利落，条理分明，让王熙凤大加赞赏，专门向宝玉要了小红。从此小红成了王熙凤眼前的红人，离开了怡红院这个是非之地。

到了王熙凤身边，小红细心向王熙凤学习经营之道，她并不是为了攀高枝儿，不然的话她早就接近贾宝玉了。大概是看多了大观园和荣宁二府的"蝇营狗苟"，小红没有看中宝玉，没有接近贾琏，反而是看上了"廊上的二爷"贾芸，这个不起眼、没有势力的主子。贾芸没有依仗，所以只能自己找出路，这也是他最后比贾宝玉他们强的原因。小红看中了贾芸的这一点，大胆向他示爱，"钉了两眼"。而贾芸也对小红一见钟情。两人在蜂腰桥相遇时，含情脉脉，一来二去私订了终身。反观其他丫头，无论是宝玉身边的，还是太太、小姐身边的，"大了胡乱配一个小子"，了此余生。这么一对比，小红远离"权力是非圈"，大胆追求自己的生活，是"人间清醒"了。

正是由于小红的这种选择，才能在荣宁二府被抄家之时得以保全自己，不仅如此，她还到狱神庙去探望被关押的王熙凤、贾宝玉等人，并在贾芸的运作下，拯救了一些人。

回过头来看《红楼梦》中的丫头们，像小红这样全身而退，又有一个好归宿的少之又少。

"远离是非"不是"明哲保身"

小红的"远离是非"和"明哲保身"有着完全不同的含义。虽然这两个词都涉及避免危险或不良情况，进而出现了"躲避"的行为，但它们的含义有所不同。

"远离是非"往往体现的是个体在参与社会行为时，避免参与任何可能引起争议或纠纷的事情，其真实目的是始终让自己保持中立和公正，不偏颇，不偏激，不激进。通常用于描述一个性格中立、不愿意介入任何争端或纷争的人。

而"明哲保身"则侧重体现了个体在遇到利益纠葛时，首先保护自己的利益和安全，避免受到伤害或损失。通常用于描述一个谨慎、精明的人，采取各种措施来确保自己的利益不受损害。

由此可见，"远离是非"是一种让自己处在安全的位置上，去处理周遭的环境和人物关系。就像小红一样，她远离是非，不参与小姐、丫头、公子的那些事情，并不表示她不关心。这也是为什么荣宁二府被抄家后，小红还去营救王熙凤、贾宝玉。

假如小红是个明哲保身的人，结局时，她可能就和贾芸远走高飞，才不会掺和这些"肮脏事儿"。

远离是非，专注成长

远离是非是一种心理映射，也是一种行为模式。在任何一个社会情境中，都能让个体不被外界的变化影响，从而专注于自我的成长。

远离是非斗争能让个体在社会行为中，始终保持冷静和理智，避免因为过度卷入争执而做出冲动的决定或行为。在这一点上，晴雯就比小红差远了。虽然晴雯聪明伶俐，但在大局观和事态发展的预测上，她显然没有小红的眼界高，最终只能被"公子"牵连，病逝家中，不得善终。

这种大局观提升了小红的自我控制能力，哪怕被晴雯说故意勾引宝玉，小红也避免因为情绪激动或个人利益而卷入和她们的争端。因为她明白，自己和她们不是一路人。正是这种自我控制能力，使她在面对外部挑战和困难时，也能够保持冷静和理智。与此同时，远离是非斗争，还让小红摆脱了"出嫁焦虑"，诸如袭人、晴雯这些丫头，她们一方面不想离开贾府随便嫁个人，一方面想着成为宝玉的姨娘，随着年龄长大，这种"爱而不得"的焦虑越发挠人，这也是为什么晴雯对小红给宝玉倒茶这么恼怒。而小红却没有这种焦虑，远离是非斗争让她保持情绪稳定和心理健康。

更重要的是，小红更专注于将更多的时间和精力投入个人成长和发展，而不是浪费在无意义的争执和斗争中。

7

主动出击，把局面控制在自己手中

——满族小花：一瓢粪水戏弄恶霸

《孙子兵法》有言："善攻者，敌不知其所守；善守者，敌不知其所攻。"意思是说，善于进攻的人，能使敌人不知道怎样防守。善于防御的人，敌人不知道从什么地方进攻好。

其实从这句话中我们不难发现，想扰乱敌人的思维，就要主动出击，而不是被动防守。

小花戏弄地主

传说在东北的满族，有一个叫小花的姑娘，她聪明伶俐，思维敏捷，深受当地人喜爱。小花家和村子里的其他人家一样，世世代代依靠打鱼为生，开垦的耕地比较少。这是因为附近的大部分田地都被一个地主掌控着，当地人称其为"巴彦"，就是富人的意思。

这个巴彦贪得无厌，最爱干落井下石的事。他家有很多土地，不过每块地的收成相差很大，因为地的质量区别很大。又到了一年一度种庄稼的时节，村子里的佃户们都想从巴彦那里租到好地，来年能有个好收成。巴彦就放出话来，他家的地已经按照优劣分成了三六九等，想要租好地，就要请他吃饭，吃得越好，就能得到越好的地。

可是租种他的地的人家都是生活困难的，哪有钱请他吃饭呀？

不过为了得到一块好地，村子里很多人倾家荡产、砸锅卖铁准备丰盛的菜肴请巴彦吃。小花和丈夫小根一边发愁，一边又恨巴彦贪婪无度。小花一琢磨，于是向小根说："咱们也请巴彦老爷吃饭吧？"小根摇摇头："咱家哪有钱呀？"小花挤挤眼，神秘地笑着说："你就放心吧，我自有办法！"

这天，小花特意把家里收拾得干干净净，还特意打扮了一番，然后去了巴彦老爷家里，对他说："巴彦老爷，我们都准备好几天了，您也该去我家了吧？"巴彦看了一眼小花，笑呵呵地说："小根媳妇啊，你家穷得都快吃不起饭了，还有钱请我呀？你的心意我领了，算了吧。"

小花凑到巴彦老爷面前，神秘兮兮地说："大老爷，您这是瞧不起我呀！我为了请您吃饭可是准备了好几天呢，很多菜您吃都没有吃过呢！别的不说，光丸子我就做了很多种，比如南煎丸子、四喜丸子、干炸丸子、水煮丸子……"

巴彦老爷一听，被小花勾起了兴趣，小花又继续说："除了丸子，还有鸡、鸭、鱼、牛羊肉，各种山珍海味，都是我从山上弄来的。"

"别说了，别说了，快带我去吃！"巴彦老爷早就等不及了，于是和小花来到了她家里。巴彦老爷催促小花把山珍海味端上来，小花却弄了一杯水："大老爷，您先消消食，清清肚，我马上给您上菜。"

小花走了之后，巴彦老爷等啊等，都过饭点了，饿得前胸贴后背，怎么等也等不来小花的饭菜。而小花和小根呢，躲在厨房，厨房里哪有什么山珍海味，只有一堆干柴火。巴彦老爷左等也不来，右等也不来，饿得实得不行了。这时，他看到旁边桌子上放着一盘粘火烧，热气腾腾，焦黄焦黄的。

这时，厨房传来了小花的声音："根哥，醋熘排骨怎么样了？油炸丸子好了吗？"巴彦老爷在屋子里听着小花的话，一边吞口水，一边饿得心急火燎。再看眼前的粘火烧，那么诱人，于是忍不住吃了起来。

巴彦老爷吃了几个，小花走进屋里来，就问："大老爷，您看到我的粘火烧了吗？本来这几天家里闹耗子，我做了几个粘火烧，放了老鼠药，要毒老鼠的，怎么没了呢？"

巴彦老爷一听，吓得半条命都没了："什么？粘火烧有耗子药？天哪，我刚才吃了！"小花假装吃惊："天啊，根哥，快，拿解药！"小根从猪圈弄了一盆大粪汤，巴彦老爷看了，差点吐出来。

小花连忙说："东家，您赶紧喝了这盆粪汤，就能把耗子药吐出来了！"巴彦老爷捏着鼻子，捂着肚子说："我才不喝，我先走了。"

小花却拉着他说："不行啊，大老爷，您还没吃我家的山珍海味呢，吃了我家的饭，您得把您最好的田租给我们呀！"

巴彦老爷肚子疼，闻着粪汤实在太恶心，又急着去药铺抓药，无奈之下，只得签字画押，把最好的地租给了小花，然后灰溜溜地跑了。

主动出击，更容易解决问题

拿破仑曾经说过："主动是一切成功的关键。"这么看来，无论遇到什么问题，逃避和退让只能让麻烦越来越严重，而主动出击才是解决问题的最佳方案。

懂主动出击的人通常会给自己设定特定的成长目标，激发主观能动力，督促自己离开熟悉的舒适区，去挑战原有的能力结构、知识水平和资源范围之外的事情，在这个过程中不断提升自己的技能，让自己变得更加强大。

懂主动出击的人敢于冒险，不害怕失败，就像满族小花那样。虽然巴彦老爷在当地为非作歹，大家都怕他。但小花不怕，她敢于主动挑战权威，并且制订详细的目标和行动计划，尝试新事物和探索未知领域。接下来，按照自己的安排行事，保证事情一步步稳步推进，在这个过程中，发现新的机会，挑战自我，进一步提高达成目标的可能性。

满族小花最大的特质就是主动寻找解决问题的方法，而不是被动地等待问题自行解决，等待巴彦老爷这些人的安排。小花不听从安排，她觉得自己的命运要自己掌握。由此可见，主动出击的人能够有效地克服困难和挑战，他们自信满满，相信自己能够实现目标，不畏畏缩缩、犹豫不决。

懂主动出击的人在心理学上被认为是一种拥有主动型人格特质的人。他们积极独立，能够使事情按照自己的意图进行，形成有利局面，进而达成目标。

第六章

引以为戒，见不贤则内自省

1 宁可不识字，不可不识人

——桀和纣：亲小人，远贤臣，国以亡

"亲贤臣，远小人，此先汉所以兴隆也；亲小人，远贤臣，此后汉所以倾颓也。"这句话出自诸葛亮的《出师表》，不仅是对历史经验的深刻总结，更是对当政者的一记警钟，提醒他们必须时刻保持清醒的头脑，明辨是非，广开才路，让贤能之士得以施展才华。同时也警示后人要警惕小人的蛊惑与破坏，以免重蹈覆辙，遗祸国家。

亡国之君桀和纣

夏桀是夏王朝最后一任帝王。夏朝到了夏桀统治时期，对于周边国家的威慑力已经大大降低，当时很多藩属国都不来朝贡了。然而夏桀仍然不思进取，不但不殚精竭虑地消除内忧外患，反而大兴土木，建造宫室，搞得全国民不聊生，怨声载道。

据说夏桀在全国搜寻美丽女子，日日夜夜嬉戏宴饮，还在宫殿内建造了一个巨大的酒池，经常有人因为喝酒淹死在酒池里。夏桀宠幸妃子妹喜，为了让她开心，经常做一些荒唐的事。

当时朝中的太史令终古见夏桀如此荒淫无道，向他哭诉，劝解他要学习贤帝尧舜禹，爱惜人才，远离小人，这样才能得到人民的爱戴和拥护。夏桀听得不耐烦，把终古骂了一顿。终古心灰意冷，知道夏桀已经无可救药，夏王朝也快要完了，于是投奔了商汤。

大臣关龙逢忠君爱国，他没有离开夏桀，而是尽忠职守，一再劝解，指出夏桀的过错。夏桀大怒，直接把关龙逢杀了。

就这样，夏桀为了继续过逍遥的生活，杀了很多重臣，而任用很多谄媚逢迎的小人。其中有一个叫赵梁的，专投桀所好，教他如何享乐，如何勒索、残杀百姓。这样的日子过了没多久，商汤举兵伐夏，夏桀兵败被杀，夏王朝终结了。

同样的事情在商朝统治末期又出现了。商朝最后一任国君是纣王，当时商王朝有三公，分别是姬昌、九侯、鄂侯。三公辅佐纣王统治商朝，本来非常顺利。然而纣王不喜欢他们，反而亲近小人崇侯虎。崇侯虎嫉妒姬昌，一而再再而三地在纣王面前说姬昌的坏话。于是纣王就把姬昌囚禁在羑里，还杀了姬昌的大儿子。而九侯和鄂侯也因为反对纣王，一个被剁成肉酱，一个被晒成肉干。

除了崇侯虎，纣王还任用费仲管理国家政事。费仲和崇侯虎一样，只会阿谀奉承，顺着纣王喜欢的话说，他哪里会管理国家，只会贪图财利，做伤天害理的事。百姓总是私下里讨论纣王的暴行和荒唐事，纣王很生气，于是让恶来去民间搜集人们的话，还让他监视各国诸侯。为此，诸侯和人民都远离纣王，纣王逐渐失去了人心。后来，纣王的皇叔比干以死劝谏，没想到却被纣王挖了心。

因纣王昏庸无道，其暴政与荒唐行径让百姓苦不堪言，怨声如潮。终至忍无可忍之际，周武王顺应天命民心，率领正义之师，誓师伐纣。在一场决定性的战役后，纣王的军队溃不成军，大势已去，纣王在绝望中自焚身亡，结束了这段昏聩残暴的统治。

认知偏差招致恶果

夏桀与纣王均展现出显著的认知偏差，特别是"自我中心偏见"和"证实偏差"。夏桀沉迷于享乐，对周边国家的衰败与民众的疾苦视而不见，这反映了其自我中心的认知模式，即过度关注自身欲望而忽略外部环境的实际变化。纣王则因崇侯虎等人的谗言而疏远贤臣，这正是证实偏差的体现，即倾向于寻找或解释信息来支持已有的观点或信念，即便这些信息是片面的或虚假的。

从领导力的角度来看，夏桀与纣王未能发挥有效领导的核心功能——理性决策与战略规划。他们任由情感和个人喜好主导自身的行为，忽视了作为领导者应有的责任感与使命感，导致国家走向衰败。这种领导力失效，从根本上说是对"亲贤远佞"原则的违背，即未能明智地选择辅佐者，反而被小人所误导。

情绪管理影响决策质量

情绪管理在领导者的决策过程中至关重要。夏桀因个人享乐而放纵情绪，对劝谏的大臣动辄发怒甚至杀戮，这显示出其情绪调节能力的严重缺失。纣王同样因一时之怒而做出了错误的决策，如囚禁姬昌、杀害忠臣，这些行为背后都是情绪失控的表现。

情绪管理的不足直接影响了他们的决策质量。在高度情绪化的状态下，领导者往往难以做出客观、理性的判断，更容易受到短期利益的诱惑或情绪冲动的驱使，从而忽略长远利益和整体大局。因此，夏桀与纣王的决策大多偏离了国家发展的正确轨道，加速了王朝的灭亡。

群体影响与领导力缺失

夏桀与纣王周围聚集了一群谄媚逢迎的小人，如赵梁、崇侯虎、费仲等，这些人通过不断地阿谀奉承正面反馈和操纵信息，强化了统治者的错误认知和行为模式。虽然有终古、关龙逄、比干等忠诚大臣的竭力劝谏，却因群体压力（即小人集团的势力）和领导者的固执己见而未能改变局势。这体现了心理学中的"群体极化"现象，即群体讨论往往使成员的观点更加极端化，而夏桀与纣王正是在这种极端化的氛围中越走越远，最终导致了国家的覆灭。

夏朝与商朝的覆灭深刻警示我们，作为领导者，应当具备理性判断的能力，克制个人情感，远离谗言与小人，亲近贤能之士，以清醒的头脑、稳定的情绪以及和谐的人际关系，为成功之路夯实基础。

2

执念太深之人，容易被抓住弱点

——刘彻：迷信求仙之术，屡被方士欺骗

俗话说，"执于一念，将受困于一念。"古往今来，一切的烦恼都是起源于自身的执念，执念太深，会形成强烈的牵绊，最终变成自身的弱点，被人拿捏。因此，我们需要学会调整自己的心态，保持内心平和，勇于放下执念，追求更加自由和幸福的生活。

汉武帝修仙访道

汉武帝刘彻是中国历史上为数不多的具有雄才大略的皇帝。然而，他却极其迷信神仙，像秦始皇一样妄图长生不老，为此，他做出了一系列求神访仙的荒唐举措，甚至一度危害了汉朝的统治。

汉武帝登基称帝之后，由于他迷恋神仙，因此吸引了很多方士。最开始有一个叫李少君的方士，他自称会辟谷之术以及制作不老之药。汉武帝一听，立即把他奉为座上宾。李少君对汉武帝说，只要虔诚地供奉灶神，就能得到一种天庭的药方，把丹砂转变成黄金。然后使用这种黄金做成器皿，日常吃饭、喝水都用它，时间长了就可以延年益寿，甚至得到蓬莱仙人的接见，实现长生不老的愿望。

汉武帝心花怒放，立即重重地封赏了李少君，并亲自祭拜灶王爷，然后让李少君为他炼制那种神奇的金子。后来，李少君说他曾经在蓬莱岛遇到过仙人，仙人送给他一颗枣，他吃了之后，活到现在已经两百多岁了。汉武帝深信不疑，立即命人去东海寻找仙人。

不过，不久之后，李少君患病死了。李少君的徒弟们为了防止被汉武帝发现后惩罚他们，谎称李少君已经飞升了。汉武帝不信，开棺验尸，果然只有衣服没有尸体。汉武帝打消了对他的怀疑，更加迷恋修仙访道。

李少君"飞升"后，汉武帝又开始宠信一个叫少翁的方士，他自称能通神。正巧当时汉武帝的宠姬王夫人刚刚去世，少翁就施展法术，在半夜让王夫人重现，汉武帝透过帷帐看到之后，认为王夫人真的活了。

其实这是少翁搞的障眼法，他提前得到了王夫人生前的衣服，让一个与王夫人容貌相似的少女穿上进行伪装。然而汉武帝并不知道真相，认为少翁真的有法力，竟然封少翁为文成将军，并给予丰厚的赏赐。

少翁得到了汉武帝的宠信，对汉武帝说，想要成仙，宫殿和服饰必须符合神仙的标准才行，否则，神仙怎么可能从天上下来呢？汉武帝听从了他的建议，开始大兴土木，还在良辰吉日驾驶车辆在宫殿四周驱赶恶鬼。

慢慢地，汉武帝为了寻求长生，对方士们的话到了盲目听从的境地，对国家的管理和百姓的生活都造成了很大的影响。

执念是内心的弱点

汉武帝作为汉王朝的统治者，何等的聪明，颁布推恩令，加强中央集权，北击匈奴，西服楼兰和大宛等国，为汉王朝的兴盛奠定了不朽的功绩。

如此雄才大略的政治家，为什么会被小小的方士控制了呢？其实根源在于汉武帝内心拥有成仙的执念，而执念往往容易变成被人利用的弱点。

执念来源于自我需求无法实现，从而引发的内心空虚。当一个人对某件事物产生执念时，觉得这件事物对自己非常重要，当需求无法满足时，内心就会产生空虚的感觉，需要外界的事物来填补。而追求自我需求满足的过程中，就会产生执念。

为了满足自己的需求，消除执念的折磨，很多人都会不择手段。因为执念如同蚂蚁在身上爬一样，产生的强烈欲望会慢慢吞噬一个人的内心意志，让其慢慢脆弱，甚至堕落。久而久之，就会变成被他人乘虚而入的弱点。

奖励回路加深执念

执念与大脑中的"奖励回路"机制有关。当外部环境对我们产生刺激时，大脑会分泌多巴胺，多巴胺会制造一种错觉，这种错觉让我们的身体感到愉悦。然而，随着时间的推移，多巴胺的分泌量会逐渐减少，同样的刺激带来的愉悦感也会下降。为了追求更强烈的愉悦感，人们可能会增加刺激的强度或频率，或者寻找新的刺激源。对于某件事物的重复刺激，会让人对其产生强烈的欲望，希望得到更多的这种刺激，进而形成执念。

汉武帝追求长生正是如此。当他开始对长生感兴趣的时候，长生的刺激对大脑产生的愉悦是很强烈的，随着时间的推移，他的欲望得不到满足时，这种刺激的效力就会下降，所以他需要更多的刺激。就这样，方士越来越多，长生的办法越来越多。

求而不得，反而加深了他对长生的执念，被方士们利用，成为控制他的行为、左右他的思想的工具。

不过，反过来，当需求得不到满足，执念无法化解时，大脑中的"奖励回路"机制会被打破，导致无法体验到成功的愉悦感。为了弥补这种缺失，很多人就会转嫁这种"执念"，改变追求欲望满足的对象，最终无法自拔。

执念左右人的判断

强烈的执念可能会扭曲人的思维和判断力，使人变得偏执，难以与他人合作和相处。尤其是在决策和行动时，过度关注某一目标或事务，只看到自己想要的结果，导致精神压力大和焦虑，而忽略了其他周边的影响因素。这样在做决策的时候，就容易考虑不周，决策偏颇。

这是因为，执念会让一个人陷入固定的思维模式和行为习惯，难以根据实际情况中的新环境、新挑战做出适当的应变，进一步失去理性思考的能力，做出极端的非理性抉择。

就像汉武帝那样，明明很明显的骗局，他却深信不疑。根源就在于他对"仙术"有执念，对"仙术"深信不疑，从而忽略了诡诈和欺骗。

总之，执念影响个人的思维、行动和人际关系，把人的弱点放大，从而使人被拿捏。所以，面对事情时，要学会控制自己的思维和情绪，理性看待问题，不让执念控制自己。

3 做事不果断，本质是缺乏自信

——刘备：优柔寡断失军师

宋代哲学家邵雍在《当断吟》这首小诗中说："当断不断，反受其乱。"这句话告诉我们，在面临决策时，应迅速识别关键因素，权衡利弊，并做出明智的选择。果断决策有助于抓住机遇，避免因拖延和犹豫带来的负面后果。

痛失庞统，收复西川

东汉建安十六年（211年），曹操扬言要进攻张鲁，张鲁地盘上的刘璋被吓坏了，他的部下张松建议他邀请刘备的军队入川，帮助他抵抗曹操。刘璋一听有道理，立即派军师法正去见刘备。

法正见到刘备之后，被他的英雄气概吸引，顿时起了"跳槽"的心，于是把刘璋领地内军械、钱粮等所有军事机密都告诉了刘备，想要当刘备的高级卧底，趁机打败刘璋，取得他占领的益州。

法正的热情让刘备内心犯嘀咕，对于他提出的策略有点犹豫不决。此时，和诸葛亮并称"卧龙凤雏"的庞统站出来，给刘备分析了当下的局势。庞统认为，荆州虽然地方大，但历经战火摧残，实力大不如前。另外，荆州处在要害之处，曹操和孙权都觊觎这里，早晚会把战火绵延过来。而刘璋占领的益州，无论是地势还是钱粮资源，都异常丰富。

刘备点头同意，但心里总有个坎过不去，他认为采用这种趁虚而入的方式取得益州，有损颜面。庞统又一番劝说，从大义和兴复汉室的角度终于说服了刘备，刘备同意按照庞统的计策进军刘璋的领地。

这年秋天，趁着曹操被马超牵制的时候，刘备以讨伐张鲁的名义进入川蜀，来到了刘璋的地盘。刘璋好吃好喝地款待刘备，此时，法正和张松又撺掇刘备说，此时趁着宴会，可以不费一兵一卒就把刘璋扣下，这样就能轻松取得西川，进而占领益州了。

可是，刘备又犹豫了，他觉得刘璋对他这么好，突然"下黑手"不是君子所为。就这样，刘备拒绝了他们的提议。刘备和刘璋相处了几个月之后，想要继续北上进军，临走前，刘璋又是给钱又是给粮，还送了两万军队。

第二年刘备和张鲁打了几场小规模战役，解决了刘璋的麻烦。随后庞统建议刘备以曹操南征孙权，自己需要回荆州救盟友为借口，向刘璋借兵。然而刘璋却一反常态，只给了刘备一半兵力。正值此时，张松偶然间得知了刘备的困境。出于对时局的深刻洞察，他私下里写了一封密信，力劝刘备把握时机，果断采取行动，一举拿下西川，以图大业。不幸的是，这封信意外落入了刘璋之手。得知真相的刘璋，愤怒之下将张松处死。此后，刘备与刘璋之间的和平假象被彻底撕破，一场围绕着西川归属权的激烈争夺战悄然拉开了序幕。

东汉建安十八年（213年），刘备进军雒城，刘璋的儿子靠着坚固的城墙、充足的粮草，在这里固守。刘备采用庞统的计策把整个城包围起来，缓慢蚕食。等到时机成熟，庞统下令攻城，战斗中庞统不幸被箭击中，魂归落凤坡。刘备得知消息，痛哭不止。战斗持续了大半年，刘备方才攻破了雒城。

优柔寡断的根源是缺乏自信

从刘备入川进攻刘璋来看，之所以会造成后来惨烈的战争，以及失去庞统这个军师，根源在于刘备的优柔寡断。假如他在最开始就听从庞统等人的建议，在进入川蜀的第一时刻就在宴席上抓捕刘璋的话，也不会有后来的一系列问题。

从心理学上来看，刘备的优柔寡断，其实源于他的不自信。如果一个人对自己的能力、判断力或者价值观没有足够的信心，他做事就容易犹豫不决。这类人无论做什么，总担心自己的决定不够好，害怕面对风险和失败，因此不敢轻易做出决定。

另外，缺乏自信还会导致过分关注细节和潜在的负面后果，扰乱正常的思维模式，从而干扰对眼下境遇的分析和判断，进一步加剧了犹豫不决的程度。

刘备犹豫不决，是担心自己的行为影响声誉。然而，生逢乱世，实力才是说话的骨气。可是刘备没有想清楚这一点，再加上担心自己的决策引发难以挽回的后果，所以对于庞统、法正等人的建议犹豫不决。

心理障碍影响决断

凡是做事优柔寡断的人，往往面临很多心理障碍。

优柔寡断的人在做决定时常常会感到焦虑和不安，这些焦虑一方面来源于担心决断以后带来不好的后果，另一方面是对自身能力的怀疑，因此产生了很多不确定性。这些不确定性让他们觉得事情超出了自己的掌控范围，于是引发了内心的恐惧情绪。

由于恐惧和不确定性的双重作用，优柔寡断的人就会在对外界事物的认知和了解上存在局限性，影响他们对问题的本质进行清楚的分析，于是面临多种选择时，无法准确评估不同选择带来的利弊和风险，从而难以做出明智的决策。这也是我们常说的"选择困难症"的形成原因之一。

刘备除了以上问题之外，还有一个更严重的问题，就是对"卧龙凤雏"的习惯性依赖。习惯性依赖指的是在遇到当前问题之前，个体的决策依赖于他们的判断，以至于在面对当前问题时，缺乏自我判断的能力。

习惯于依赖他人做出决定，当需要自己做出选择时，会感到不知所措。依赖性减弱了人们的自主能动力和自主判断力，这也是优柔寡断的人所面临的内心障碍。

寻求自我肯定，建立自我信任

自我肯定是建立自信心的重要手段之一。通过积极的自我肯定，人们可以改变对自己的负面认知，增强自信心，从而更好地应对生活中的挑战和机遇。

如何建设自我肯定的心理机制呢？首先要肯定自己的优点和价值，从正面在内心深处建立积极的反馈，这有助于培养自我控制能力。自我控制能力可以帮助你控制自己的情绪和思维，无论遇到什么事情，通过自我控制，让思维方式和情绪处在积极的范围内，不被负面的干扰所左右。培养自我控制能力，可以更好地应对挑战和压力，从而增强自信心。

正向心理暗示和自我控制机制建立之后，就可以反方向来强化。尝试着去接受自己的缺点和不足，认识到没有人是完美的，每个人都有自己的缺点和不足。通过剖析自我的形式，挖掘出造成自身不足的根源，并想办法改进这些缺点，避免一味地否定自己。

构建自我肯定的心理机制是一个积极而持续的过程。它始于我们学会欣赏并肯定自己的优点和价值，这如同在心中播下一颗自信的种子。通过不断滋养这颗种子——即培养自我控制能力，我们能够更好地管理情绪与思维。接下来，勇于面对并接纳自己的不完美，是这一旅程中的重要一步，认识到缺点并不意味着失败，而是成长的契机。通过剖析与改进，不断完善自我，以更加从容和自信的姿态，抓住每一个机遇。

4

爱猜疑的人，会与亲近之人走远

——曹丕：煮豆燃萁，残害手足

古人云："祸机之发，莫烈于猜忌。"社会中的许多祸患，都是因相互猜忌，无法信任对方而产生的。

本是同根生，相煎何太急

东汉建安十五年（210年），曹操在邺城修建了一座雄伟的铜雀台。建成后，他带着儿子曹丕和曹植前来观赏游玩。曹操建造铜雀台的目的就是彰显自己的丰功伟绩，所以想让曹丕和曹植作诗来赞美自己。

曹植的文学功底胜过曹丕，于是站出来作了一首《铜雀台赋》："从明后而嬉游兮，登层台以娱情。见太府之广开兮，观圣德之所营……"

曹植抑扬顿挫，一首《铜雀台赋》很快就吟诵完了，曹操听了非常高兴，对曹植也更加喜欢。可是一旁的曹丕却一脸不悦，从那之后对曹植这个兄弟越发讨厌起来，担心他和自己争夺王位。

不过曹操心里很清楚，曹植虽然很有才学，但不适合治理国家，所以曹操去世前把魏王的王位传给了曹丕，而曹植则被封了临淄候。

曹丕当上魏王后，总感觉曹植会造反，于是就派遣使者去临淄调查。没过多久，使者从临淄回到都城，曹丕亲自接见了他们。使者添油加醋地伪造了证据，声称他们到了临淄之后，就被曹植囚禁起来了，曹植还当着他们的面说了很多大言不惭的话。

曹丕很生气，于是立即派人把曹植抓了起来，囚禁在了监狱之中。曹丕的母亲听说了这件事，亲自来求情。曹丕不能违逆母亲，只能笑着说不会对曹植怎么样，只是教训他一下。

后来，架不住母亲的央求，曹丕只得放了曹植，但轻易放了他倒显得自己无事生非，于是他想出了一个主意："七步之内，作出一首诗，我就放了你。"

曹植知道曹丕是故意为难自己，但为了脱身也没办法，于是在七步之内吟出一首诗："煮豆燃豆萁，豆在釜中泣。本是同根生，相煎何太急。"

在当时，权力斗争激烈，兄弟之间为了争夺权力而相互残杀。曹植的这首诗是对这一现象的深刻反思和批判。

之后，曹丕释放了曹植，把他贬为安乡候，又徙封陈王。最终，曹植在抑郁之中去世。

猜忌起于自卑

一个对别人无端猜忌的人，内心深处都是自卑的。

当一个人感到自卑时，他可能会对别人的意图和动机产生怀疑，认为别人可能对他不怀好意或者有所图谋。这种不信任感可能会进一步加剧猜忌，导致个体对他人产生不信任和敌意。

曹丕一直怀疑曹植有谋反之心，根源就在于他一直觉得曹植在各方面都比自己强，并且受到父亲的喜爱。尤其涉及王位利益时，曹丕更是感觉到了危机，把曹植假想成自己的敌人，从而引发自卑的情绪。

从曹丕的经历不难发现，自卑的人通常缺乏自信心，对自己评价过低，他们可能会感到自己不够好或者在某些方面有所欠缺。这种自我评价过低可能会导致对别人的评价产生扭曲，对别人的言行过于敏感，从而更容易产生猜忌。

猜忌引发价值扭曲

那些习惯于猜忌的人往往缺乏对他人基本的信任，这种信任的缺失导致他们在评价他人时容易产生偏见，进而扭曲了对他人的看法，最终可能促使他们自身的价值观走向偏激。曹丕对曹植的猜忌便是深刻例证，它不仅扭曲了兄弟间的情感认知，更在无形中塑造了曹丕偏执的价值观念。

曹丕对曹植的猜忌，实质上是对自身安全感过度追求与对他人行为无端怀疑交织的结果。这种心理状态促使他在没有充分证据的情况下，就轻易地对曹植产生不信任，并将这种不信任转化为对曹植行为和意图的负面解读。这种解读过程缺乏客观性，导致曹丕在评价曹植时带有浓厚的偏见色彩，从而扭曲了他对兄弟间情感的认知。

进一步而言，曹丕对曹植的猜忌不仅是个体间的信任危机，更是价值观扭曲的深刻体现。它警示我们，在面对人际关系和社会事务时，保持客观、公正和理性的态度是何等重要，以避免因个人偏见和情绪化而导致的不必要的冲突和损失。

猜忌造成情感疏离

猜忌是一种不健康的心理状态，由于个体缺乏安全感、自卑或者存在一些创伤经历，从而对别人丧失信任感，导致人与人之间的关系破裂，甚至疏远亲人。

当猜忌产生时，他可能会对亲人的言行产生怀疑，认为亲人对自己不怀好意或者有所隐瞒。就像曹丕对待曹植那样，他始终觉得曹植比自己强，想要抢夺自己的王位，所以才会找各种借口迫害他，致使兄弟之情破裂。

猜忌严重时，还可能会对亲人朋友产生攻击性行为来验证自己的猜忌，例如监视、质问或争吵等，使亲人之间的关系更加紧张和疏远。

自我矫正，克服猜忌

如何克服猜忌，这是一场自我的修行之路。及时发现并解决猜忌心理需要自我观察、积极沟通、培养信任、寻求支持、增强自信和保持冷静。

当产生不安、怀疑、焦虑或愤怒等负面情绪时，要警惕可能是猜忌心理在作祟。此时，应该做到自省。"我有什么证据支持我的猜忌？""这个猜忌有没有可能是误解或偏见？"通过反躬自省，可以及时发现猜忌心理的产生，然后想办法制止。

当发现自身存在猜忌行为时，最有效的办法就是积极沟通。尝试进行坦诚的沟通，询问对方的行为或言行的真实意图，确切地表达出自己的感受和疑虑，然后一起努力寻找共同的理解和解决方案，这样就能有效消除猜忌心理。

信任是解决猜忌心理的关键。建立信任，需要做到言行一致、遵守承诺、尊重对方的感受和需求、不轻易怀疑或攻击对方。同时，也要学会接受别人的信任，珍惜彼此之间的信任关系。

猜忌心理与自卑和自我怀疑有关。通过学习新的技能、参与有意义的活动，积极与别人沟通，建立有效的社交圈子和稳固的社交关系，提高自信心，只有自己强大了，才不会有所畏惧。

5

心怀怨恨的人，更心狠手辣

——朱元璋：暴戾冷漠，绝不留情

《庄子》中说："不仁则害人。"意思是说，不具仁爱之心，难免会伤害他人。

朱元璋在位后期，由于对权力的极度渴望和对政治的敏感，他变得猜忌多疑，心狠手辣，对功臣或亲近之人也绝不留情。这损害了他的个人形象，也对整个社会造成了负面影响。

朱元璋惩治叛徒

元至正三年（1343年），当时是元朝末期。朱元璋的老家发生了严重的旱灾，随后又遇到了蝗灾和瘟疫，民不聊生，朱元璋的亲人也相继死去，只剩下二哥和姐姐。

为了生存，朱元璋当和尚要饭，游走四方，认识了很多英雄豪杰，为日后起兵推翻元朝奠定了人脉基础。后来，朱元璋的外甥李文忠和侄子朱文正投靠朱元璋，这两个人后来都成为朱元璋征战四方的左膀右臂。

然而，原本忠心跟随朱元璋的朱文正，却在日后背叛了他，这让内心敏感的朱元璋遭受重大情感挫折。朱文正作战勇猛，有勇有谋，为朱元璋创建明朝立下了赫赫战功。有一次打了胜仗，朱元璋想要犒劳朱文正，就问他要什么赏赐。结果朱文正说："将来叔父成就一番大业，文正还怕不能享受富贵吗？叔父尽管先给其他人封赏，以便收得人心！"

这番深明大义的话让朱元璋对这个侄子非常喜欢，在心里记下了，想着日后一定好好待他。

在朱元璋一统天下的路上，有一个强劲的敌人，那就是据守南方的陈友谅。当时朱文正镇守洪都，陈友谅趁着朱元璋率兵救援安丰的时候，亲自率领六十万大军进攻洪都。然而此时，镇守洪都的朱文正只有两万人。

两万对战六十万，在实力如此悬殊的情况下，朱文正靠着清晰的头脑和运筹帷幄的指挥，硬是和陈友谅对峙了八十五天。后来陈友谅无奈退兵，朱文正的洪都保卫战也创下了以少胜多的战绩。

洪都战役的胜负，从某种程度上成了陈友谅和朱元璋实力变化的转折点。面对如此巨大的胜利，朱文正变了，他觉得自己厥功至伟，应该得到封赏。然而朱元璋记着朱文正的那句话，所以给他的奖励并不能匹配他的战功，这让朱文正很不高兴。

自那之后，朱文正变得嚣张跋扈起来，时不时挑唆其他将军和朱元璋的关系。除了陈友谅之外，朱元璋还有一个劲敌——张士诚。当时朱元璋禁止自己的人去张士诚的地盘做生意，可是朱文正不听，不仅鼓励手下人去张士诚那里贩卖私盐，甚至还发下公文，保护这种行为。

还有一次，朱元璋在江西设立了按察司，委派朱文正设立衙门。朱文正就当没听见，害得其他官员每天只能在船上处理公务。朱元璋听说之后，亲自下令，但朱文正不肯宣读朱元璋的政令。

一件件、一桩桩的事儿，让朱元璋对朱文正彻底失望，多次严厉斥责他。朱文正很清楚叔父的脾气秉性，担心他杀自己，甚至想着去投靠张士诚。在朱文正还没有行动时，有人向朱元璋密报，朱元璋大为震惊，于是派人抓捕了朱文正。后来，朱文正死在了大牢里。

纵观朱元璋的一生，其实都是在不断受伤中成长起来的。青年时期朱元璋的理想就是为地主家放牛，赚了钱娶个媳妇，继续给地主放牛。可是突如其来的瘟疫，让他家遭受了灭顶之灾，从此之后，朱元璋怨恨元朝统治者，走上了起义反抗的道路。

在朱元璋成立霸业的道路上，也遭受和听闻了很多背叛，除了朱文正，还有张士诚和蒲寿庚。张士诚为了活下去，几次三番投降元朝。而蒲寿庚原本是南宋的臣子，在南方沿海做生意，南宋灭亡，他投降了元朝。

对于背叛的人，朱元璋是深恶痛绝的。这从他建立明朝之后，使用酷刑惩罚贪官污吏也可窥知一二。朱元璋设立了很多酷刑，最让人恐惧的就是剥皮揎草。他之所以如此心狠手辣，正是来源于青年时期的心理创伤。

心理创伤通常是指一个人经历了极端或强烈的负面事件后，其情感和心理上受到的影响。心理创伤和怨恨之间存在密切的关系。曾经遭受过心理创伤的人，对人性产生怀疑，对他人失去信任感，形成了冷漠、自私的性格，从而产生怨恨和报复的情绪。

防御机制敏感引发认知扭曲

内心存在怨恨的人往往心狠手辣，实际上是防御机制过于敏感，导致的认知障碍和认知扭曲。

当遭遇心理创伤后，可能触发个体的防御机制，使他们对自己的感受和认知产生扭曲。比如当一个人遭受虐待、忽视或其他形式的伤害时，他们会对施暴者或相关人士产生怨恨，这种怨恨情绪可能进一步影响他们的行为和情绪状态。

各种不良的情绪不断累积，会对内心造成很大的压力。他们为了缓解压力，会自动开启心理防御机制来减轻自己的不适感。而随着压力得不到排解，他们会过度依赖防御机制，引发内心的逃避心理，致使内心防御更加敏感，更容易对周遭的人或者事物产生习惯性的否定、拒绝，进而加剧内心的怨恨和敌意。

当信仰、价值观与他所面临的现实产生不可调和的冲突时，负面情绪和压力导致无法继续调整到正常范围，他对社会的认知、对情感的管理就会严重偏颇，引发认知失调。

从朱元璋建立明朝、江山巩固之后乱杀有功之臣的行为可以看出，朱元璋此时已经有了认知失调和防御过度敏感的嫌疑了。

怨恨不断加深，就会形成海格力斯效应。这是一种人际间或群体间存在的冤冤相报致使仇恨越来越深的社会心理效应。所以，当一个人内心存在怨恨时，他会变得心狠手辣，想要报复别人。

6 不幸的童年经历，会影响人的一生

——朱棣：生母卑贱，在冷眼中长大

著名的奥地利心理学家、精神分析学的创始人弗洛伊德认为，一个成年人所有的行为产生的根源，都可以追溯到童年时期的经历。

小时候，每个人都是一张白纸，童年的时候在这张纸上画了什么，长大之后就会成为什么。

篡改生母的朱棣

朱棣是明朝第三位皇帝，庙号明成祖。作为朱元璋的第四个儿子，朱棣生于元至正二十年（1360年）。当时陈友谅率兵攻打池州，随后又进攻太平。太平可以说是通往应天府的门户，如果陈友谅攻破了太平，那么朱元璋的大本营应天府就岌岌可危了。

在这种情况下，朱元璋甚至都没看一眼刚出生的朱棣，就带着兵马上了前线。此后的六七年时间里，朱棣都跟随着朱元璋南征北战，朱元璋甚至都没给他起个名字。直到七年后，朱元璋称帝建立明王朝，才给几个儿子逐一取名。

朱棣和大哥朱标的待遇可谓是千差万别。朱标是朱元璋的长子，是将来皇位的继承人。朱标为人敦厚，深受大臣们的喜欢，就连朱元璋都对他寄予厚望，可谓是集万千宠爱于一身。反观朱棣，他的待遇就差了很多。

朱棣之所以不受朱元璋待见，究其原因可能与他的出身有关系。虽然正史中记载朱棣的生母是马皇后，朱棣是朱元璋的嫡生子，但实际上，那很可能是后来朱棣靖难之役成功，坐上了皇帝宝座后，命人篡改的。他的真实生母很可能是一位蒙古人。

据说当年朱元璋打败元朝军队，在俘虏中有一位蒙古女人，朱元璋宠幸了她，后来生了朱棣。自从朱棣诞生那一刻起，朱元璋对他就不冷不热。朱元璋称帝之后，给予了大儿子朱标最好的教育条件，把他当成继承人来培养，而对于朱棣，则是把他放到了军队中，整天跟随军队南征北讨。

朱棣就是在对战元朝的过程中成长起来的，所以后来被封为燕王，镇守北方，那里是面对元朝残余势力的前线。不过，正是由于这种经历，为朱棣日后发动靖难之役奠定了军事基础和政治眼光。

朱元璋去世后，把皇位传给了孙子朱允炆。朱允炆下令削藩，当时的燕王朱棣为了保全自己，打着"清君侧"的名义，发动了靖难政变，最终推翻了朱允炆。

然而，对于抢夺来的王位，朱棣始终觉得自己不是正统，于是篡改了生母身份，对外宣称自己的母亲是马皇后，以此向世人证明自己王位的正当合法性。

童年不幸引发心理创伤

童年时期的心理创伤对一个人的影响尤其深，就像朱棣这样，小时候就被父亲忽略，缺乏父爱，母亲卑贱，也不能保护自己，在得不到应有的爱护的环境中成长起来，内心深处多多少少都会有恐惧、焦虑、缺乏安全和信任的情绪反应。严重的时候，童年时期的不幸经历，可能导致一个人对自身的认知障碍，从而影响以后的社交关系。

心理学家研究发现，一个成年人进入社会之后，在处理社会关系或者情感问题时，凡是有焦虑、自卑、社交恐惧等障碍的人，他们的童年一般有过不幸的经历。这些悲惨的经历在他们内心深处形成了"壁垒"，成了他们融入社会关系中的障碍。

这种障碍一旦形成，就会引发很多情绪和行为问题，导致人际关系紧张、工作和学习困难。根源在于，他们在处理任何问题时，都缺少信任感和安全感，难以建立健康的人际关系。他们会轻易对别人产生怀疑或敌意，导致产生孤独感和社交障碍。

即使这样，他们也不会认为是自身的问题，反而觉得别人不关心自己，久而久之会认为自己不值得被爱或被关心，导致自我否定和产生自我挫败感。

情感忽视是童年创伤的根源

童年的不幸经历，最终演化成严重的心理创伤，最本质的原因在于情感忽视。

情感忽视是个体成长过程中，情感和情绪需求没有得到充分的满足，很多时候源于父母与孩子缺乏正常的情感互动，未能与孩子建立健康的情感连接，造成了成长过程中的情感缺失。

朱棣不就是这样吗？朱棣出生于战乱年代，父亲朱元璋为了建立霸业，忽略了他的情感需要。由于朱棣的生母身份卑贱，朱元璋不宠幸她，进而连带着对朱棣也没有好感。朱棣就是在这种情感忽视的环境中成长起来的。

而情感忽视可能导致一系列心理问题，比如刚愎自用、以自我为中心、疑心病重等。这意味着个体在成长过程中缺乏情感支持和引导，会导致在处理情绪和行为时缺乏经验和策略。由于没有得到足够的情感满足，此类人可能无法学会如何调节自己的情绪，从而难以控制自己的行为和冲动。

另外，情感忽视影响个人的认知能力和注意力。自我控制能力在一定程度上依赖于个人的认知能力和注意力水平。受到情感忽视的人存在注意力缺陷，难以集中精力完成任务，也缺乏对事物的深入思考和理解。认知能力和注意力的缺陷进一步削弱个体的自我控制能力，从而陷入一种恶性循环。

情感忽视还影响个体的动机和目标追求。受到情感忽视的人缺乏内在的动机和目标追求，对于自己的未来和人生意义感到迷茫和无助，削弱个体的自我控制能力，难以为了实现目标而克服困难和挑战。

研究表明，情感忽视引发的心理问题或者心理创伤是潜移默化的，个人几乎很难察觉到它的存在。

想要从情感忽视着手，来解决童年创伤引发的心理问题，需要考虑到个人的成长和环境的影响因素。最主要的解决办法就是个体的自我情感认知以及情感需求的满足。